广东云茂高速公路项目创新成果系列丛书

云茂高速公路施工安全管控与实践

肖广成　马增琦　韩富庆　庞　泉　主编
鲁昌河　主审

人民交通出版社股份有限公司
北　京

内 容 提 要

云茂高速公路位于粤西山区,沿线山高谷深,越岭段桥隧比例达66.7%,设计施工难度大,安全风险高,建设过程中在施工安全管控方面建立健全制度体系,积极推广应用“四新”技术,成效突出,被评为广东省公路水运工程“平安工地”典型项目。本书系统总结了云茂高速公路建设经验,对助推行业平安发展具有重要意义。本书共分为9章,分别为绪论、安全管理体系建设、临时设施建设、路基工程、桥涵工程、隧道工程、路面工程、交通设施建设和交叉施工安全管理。

本书可供公路建设、设计、施工等单位的技术与管理人员参考,也可以作为高等院校路桥工程等相关专业师生的参考书。

图书在版编目(CIP)数据

云茂高速公路施工安全管控与实践 / 肖广成等主编
. — 北京 : 人民交通出版社股份有限公司, 2022.10

ISBN 978-7-114-18141-2

Ⅰ.①云… Ⅱ.①肖… Ⅲ.①高速公路—道路建设—研究—广东 Ⅳ.①U412.36

中国版本图书馆 CIP 数据核字(2022)第 142603 号

Yun Mao Gaosu Gonglu Shigong Anquan Guankong yu Shijian

书　　名: 云茂高速公路施工安全管控与实践
著 作 者: 肖广成　马增琦　韩富庆　庞　泉
责任编辑: 周　凯　郭红蕊
责任校对: 席少楠　卢　弦
责任印制: 刘高彤
出版发行: 人民交通出版社股份有限公司
地　　址: (100011)北京市朝阳区安定门外外馆斜街3号
网　　址: http://www.ccpcl.com.cn
销售电话: (010)59757973
总 经 销: 人民交通出版社股份有限公司发行部
经　　销: 各地新华书店
印　　刷: 北京虎彩文化传播有限公司
开　　本: 787×1092　1/16
印　　张: 11.5
字　　数: 252千
版　　次: 2022年10月　第1版
印　　次: 2022年10月　第1次印刷
书　　号: ISBN 978-7-114-18141-2
定　　价: 58.00元
(有印刷、装订质量问题的图书,由本公司负责调换)

《广东云茂高速公路项目创新成果系列丛书》
简　　介

广东云茂高速公路有限公司是广东省公路建设有限公司的下属子公司。广东省公路建设有限公司是广东省交通集团有限公司控股的有限责任公司，是以公路、桥梁、隧道、交通基础设施的建设、投资及经营管理为主业，重点投资建设和经营管理珠江三角洲地区高速公路和过江通道的特大型国有企业。广东省云浮罗定至茂名信宜（粤桂界）高速公路是广东省“十三五”规划的重要项目，公路沿线山高谷深，水网密布，地形地质条件复杂，环保要求高，建设难度大。在上级主管部门和各级领导关怀指导下，项目管理团队和各参建单位通过技术创新和管理创新攻坚克难，在品质工程、绿色公路和平安工地建设方面取得显著成绩，在项目策划、工程技术和管理模式等方面取得一系列创新性成果。及时对这些成果进行梳理总结，有助于推动交通运输行业绿色高质量发展。

广东云茂高速公路有限公司特组织编写这套丛书，主要包括《山区高速公路建设项目策划指南》《云茂高速公路品质工程建设管理与实践》《云茂高速公路施工安全管控与实践》《云茂高速公路绿色建造技术与实践》《云茂高速公路边坡建设技术与实践》《云茂高速公路钢板组合梁桥建造技术与实践》《隧道围岩高压旋喷地表加固技术与实践》《公路那些事儿》共8分册，希望对从事高速公路设计、施工、检测和建设管理的同行提供参考借鉴。其中，《公路那些事儿》作为科普读物，对非交通专业人员，特别是中学生了解公路交通行业具有较高的科普价值。

《广东云茂高速公路项目创新成果系列丛书》
编审委员会

《云茂高速公路施工安全管控与实践》编审委员会

PREFACE | 序

近年来，习近平总书记对安全生产的要求一以贯之，多次强调要树立牢固的安全发展理念，严格落实责任，牢牢守住安全生产底线，切实保护人民群众生命财产安全。生命至上、安全第一，这是一条不可逾越的红线。

广东云茂高速公路管理团队在建设伊始就牢固树立“生命至上、安全第一”的思想，时刻保持清醒头脑，始终坚持居安思危，强化红线意识，真正把安全生产工作摆在更加突出的位置，放在心上、抓在手中、落在行动上。合理设置项目建设管理架构，充分发挥各层级岗位安全管理职能作用；全面制定安全管理规则，编写安全管理标准图册，严格规范全过程安全管理行为；充分利用科技手段，做好施工过程安全监管工作；努力发挥大数据作用，合理分析建设过程安全管理各环节情况，及时掌握安全生产风险管控点。通过项目参建各方的共同努力，有效解决了云茂高速公路深挖路堑、高墩施工、人工深挖孔、浅埋隧道等高风险施工难题，最终实现了零伤亡、零事故的总体安全目标。

成果得来不易，经验更需传承。为此，广东云茂高速公路有限公司特组织各施工单位总结项目建设过程安全管理的经验和成果，汇编成书，以供从事高速公路工程建设安全管理的同行参考借鉴。

交通运输部公路局原局长

李彦武

2021 年 6 月

FOREWORD | 前言

云茂高速公路是广东省“十三五”期间重点建设的最长扶贫高速公路，主线全长129.8km，采用双向4车道、设计时速100km的技术标准，辐射人口超过600万人。该项目起于广东粤西山区的云浮罗定市围底镇，止于粤桂两省交界的茂名高州市荷花镇，线路穿越粤桂两省交界的云开山脉。其中，越岭地段的桥隧比例高达66.64%，地质条件复杂，施工技术难度和安全风险大。受地质条件影响，项目在建设过程中遇到了“三多两高”的“安全关”，即高陡边坡多，4级以上边坡达112处；人工挖孔桩多，达2469根；高墩多，40m以上高墩414个，其中排步特大桥桥墩高达104m，相当于35层楼高，桥梁施工安全风险高；地质情况复杂，隧道围岩差、埋深浅，其中新屋隧道浅埋段长达293m，最小埋深只有2m，且全是淤泥，隧道施工安全风险高。通过项目建设者的共同努力，最终实现了零伤亡、零事故的总体安全目标。

广东云茂高速公路有限公司特组织各参建单位总结项目建设过程安全管理的经验和成果，对照《公路水运工程施工项目安全生产标准化评价实施细则》和《公路水运工程平安工地建设管理办法》的要求汇编成书，为从事高速公路施工安全管理的同行提供参考借鉴。本书共分为九章，具体编写分工如下：

第1章　绪论，由肖广成、陈志清、金钟、常江桦编写；

第2章　安全管理体系建设，由韩富庆、柴振超、陈志清、庞泉编写；

第3章　临时设施建设，由马增琦、常江桦、李何龙、庞泉编写；

第4章　路基工程，由肖广成、王珍金、张小龙、王征先编写；

第5章　桥涵工程,由韩富庆、张乐伟、冯波、龙行军编写;

第6章　隧道工程,由马增琦、王良国、廉文斌、张建编写;

第7章　路面工程,由韩富庆、王钊、刘建龙、任玉编写;

第8章　交通设施建设,由肖广成、陈学文、江凡、吕凤娇编写;

第9章　交叉施工安全管理,由马增琦、蔡敏、曾思清、陈文兵编写。

全书由庞泉统稿,马增琦校核,鲁昌河主审。

由于编者水平有限,不足之处在所难免,敬请读者批评指正。如有修改意见和建议,请反馈至电子邮箱(553006079@qq.com),以便再版时修订完善。

作　者

2021年6月

目录

CONTENTS

001 第1章 绪论

013 第2章 安全管理体系建设

CHAPTER 1 第1章

绪论

1.1 背景

生命重于泰山!

近年来,习近平总书记对安全生产的要求一以贯之,多次强调要树牢安全发展理念,严格落实责任,牢牢守住安全生产底线,切实保护人民群众生命财产安全。生命至上、安全第一,这是一条不可逾越的红线。因此,我们务必要牢牢把握"生命至上、安全第一"的思想,切实把安全发展理念落实到经济社会发展的全领域、全阶段、全过程,让防风险保安全成为全社会的共同意识、共同责任,成为我们每个人的自觉行为习惯。

坚持生命至上、安全发展,必须时刻绷紧思想之弦。随着经济社会进步、城市建设发展,安全生产压力越来越大。对此,必须时刻保持清醒头脑,始终坚持居安思危,强化红线意识,真正把安全生产工作摆在更加突出的位置,放在心上、抓在手中、落在行动上。

坚持生命至上、安全发展,必须切实扛起肩上之责。抓好安全生产工作首先要落实好"三个责任"。各级领导干部务必要按照"党政同责、一岗双责、齐抓共管、失职追责"的要求,真正把安全生产责任传导到位、依法治安要求落实到位、严格问责追责执行到位,确保安全生产工作落到实处;按照"管行业必须管安全、管业务必须管安全、管生产经营必须管安全"的要求,扎实抓好各项专项整治,依法依规严打各类违法违规行为。牢固树立"安全就是最大效益""隐患就是事故"的思想,真正做到安全责任到位、安全投入到位、安全培训到位、安全管理到位、应急救援到位,要求针对安全生产事故主要特点和突出问题,层层压实责任,狠抓整改落实,强化风险防控,从根本上消除事故隐患,确保不发生安全生产事故。

坚持生命至上、安全发展,必须真正凝聚社会之力。安全生产人人有责,更需要人人尽责,要始终做到"心中有安",让安全意识渗透在生产生活各个领域、各个方面。在生产劳动中,要严格遵守安全生产法律法规和劳动纪律,坚决抵制违章指挥、违规作业等行为,依法维护生命健康权益;在日常生活中,要把安全落实到行车、居家等每个行为细节上,主动消除安全隐患,推动全社会形成人人了解、人人参与、人人监督、人人自律的安全生产强大合力和浓厚氛围。

安全生产是项目建设顺利推进的重要保障,没有安全就没有一切。广东云茂高速公路有限公司(以下简称"云茂公司")牢固树立安全发展理念,通过项目参建各方的共同努力,云茂高速公路建设项目最终实现了零伤亡、零事故的总体安全目标。成果得来不易,经验更需传承。为此,云茂公司特组织各施工单位总结项目建设过程安全管理的经验和成果,汇编成书,以供从事高速公路工程建设安全管理的同行参考借鉴。

1.2 项目概况

云浮罗定至茂名信宜(粤桂界)高速公路是广东省高速公路网规划的“48 联”,是“纵 9 线”怀集至阳江海陵岛高速公路与“纵 10 线”包茂国家高速公路粤境段之间的一条联络线,是广东省“十三五”期间重点建设的最长扶贫高速公路,主线全长 129.8km,双向四车道、设计车速为 100km/h,起点为云浮市围底镇(接罗定至阳春高速公路),终于高州市荷花镇粤桂两省(区)交界处(往西对接广西规划的浦北至北流(清湾)高速公路),横跨云浮、茂名两市,途经 3 个县、区,12 个乡镇,辐射人口超过 600 万人。全线共设桥梁 108 座(含互通范围主线桥),总长 40086.5m,其中特大桥 9645.5m/6 座,大桥 29177.4m/77 座,中、小桥 1263.6m/25 座,涵洞、通道 345 道;匝道桥梁 6658.5m/28 座,天桥(含人行及车行)238m/3 座。全线共设隧道 8 座,总长 11595m,其中特长隧道 3457m/1 座,长隧道 5774.5m/3 座,中隧道 1666m/2 座,短隧道 697.5m/2 座;互通立交 13 处,其中枢纽 2 处,分别接罗阳高速公路(寻龙枢纽)、包茂高速公路(木九山枢纽);全线设置服务区(停车区)5 处、管理中心 1 处、生活区 1 处、养护工区 3 处、收费站 11 个。

云茂高速公路项目(以下简称“云茂项目”)地处南亚热带季风气候区,但具有复杂多变的山区气候特点,夏长无严冬,气温偏高,多年平均气温 22.1℃,常年最冷为 1 ~ 2 月,平均气温 11.3℃,常年最热是 7 月,平均气温 32.9℃,无霜期 205 ~ 347 天。多年平均降雨量 1841.7mm,平均蒸发量 1500mm。季风期长,风力弱。夏秋季为南风,冬春季为北风,秋季偶受台风影响,最大风速 16m/s。

沿线地表水属珠江水系,罗定江是珠江水系西江干流的一级支流,次一级支流为围底河。罗定江发源于信宜的鸡笼山由西南向东北流经罗镜等镇,线路于木利村处跨越罗定江。围底河属于罗定江支流,源于信宜市笔架山,向北流经船步镇、罗平镇、围底镇,线路于围底镇跨越围底河。此外,山谷多细流、水塘、水库,地表水体密布,沿线河流岸坡多呈 U 形,岸坡陡峭。

云茂项目区域处于云开大山脉之中,云雾山脉西侧,地势总体西高东低,以中低山和丘陵地形为主,溪流发育,地形复杂,V 形谷、峡谷发育,线路经过处海拔高程介于 40 ~ 1100m 之间。一般山谷切深 20 ~ 50m,局部达 70m,山势较陡,自然坡度 20° ~ 35°,局部地段达 40° ~ 70°。沿线区域内山体风化严重,岩体破碎,断裂发育,褶皱常见;浅层滑坡、崩塌、隐伏岩溶等不良地质常见。

云茂高速公路沿线穿越粤西山区,地势陡峭,地质条件极其复杂,越岭地段的桥隧比例高达 66.64%,施工技术难度和安全风险在国内山区高速公路建设中实属罕见。云茂项目的风险管控重点和难点主要表现如下：

(1)高陡边坡多。云茂项目全线穿越粤西山区，所经之处山坡陡峭，地质情况复杂，全线路堑边坡共1517处，其中4级及以上高边坡多达112处，最高边坡达7级，坡高达66.2m，高陡边坡多。山高坡陡，高边坡施工易发生坍滑、高坠等情况。

(2)高墩多、人工挖孔桩多，桥梁施工安全风险高。全线共设桥梁108座，其中特大桥6座，高墩多，全线40m以上高墩414个，其中：榕木坑特大桥最大墩高达60m；杉树坪特大桥最大墩高达72.7m；平塘特大桥桥梁全长1238m，最大墩高76.5m；独石大桥两处连续刚构施工，最大墩高达88m；排步特大桥桥梁全长1236.4m，最大桥面高达104m，相当于35层楼高。由于地势陡峭，机械设备运输困难，桩基施工多以人工挖孔桩为主，全线多达2469根。高墩和人工挖孔桩等施工安全风险高，且桥梁跨越县道及乡村道路，施工协调、保通及相关手续复杂，安全隐患多。

(3)地质情况复杂，围岩差、埋深浅，隧道施工安全风险高。全线共设隧道8座，其中特长隧道3457m/1座。南寨隧道地层岩性为第四系坡残积粉质黏土、变质砂岩及其风化层，岩体节理裂隙发育，较破碎，为全V级围岩隧道；新屋隧道左右洞均有一浅埋段，长达293m，段内埋深7~13m，最小埋深只有2m，地表处于坑洼地段，有天然冲沟，邻近鱼塘，且全是淤泥。隧道开挖及支护作业可能发生坍塌、透水、物体打击及机械伤害等情况，施工安全风险高。

1.3 项目安全管控成果

从项目筹建开始，云茂公司就确立了零伤亡、零事故的总体安全目标，以创建“平安工地”“零事故”班组建设为抓手，以广东省交通运输厅颁布的《广东省高速公路工程施工安全标准化指南》为指导，凭借项目首创的安全生产费用清单化管理方式理顺整个项目安全管理内容，进一步增强安全意识，夯实云茂高速公路项目建设各项安全工作基础，以建设平安工地示范工程为契机，强化安全生产责任制考核，严格执行“一岗双责”和“双重预防机制”，切实提高项目安全生产监管水平，确保无安全责任事故，创建“平安工程”。通过项目参建各方的共同努力，云茂高速公路建设项目最终实现了零伤亡、零事故的总体安全目标。

1)完善管理制度，建立安全责任体系

按照《广东省交通集团高速公路建设工程安全生产标准化管理手册(试行)》的要求，云茂公司制定了《云浮罗定至茂名信宜(粤桂界)高速公路安全生产标准化管理分册》，明确了公司的安全生产方针、目标，建立了安全生产责任体系，完善安全生产管理制度16项。

2)安全生产费用清单化管理

根据国家有关法律法规以及广东省交通集团安全费用有关规定,云茂公司制定了安全生产费用清单化管理办法。安全生产费用清单化管理办法将项目安全生产费用范围量化,形成统一的标准,用类似于工程量计量的办法进行计量支付,清单化管理,建设单位审核,票据齐全,促进了安全费用管理的规范化、标准化。

3)推行专项和综合相结合的全方位安全检查方式

云茂公司每月对监理单位及施工单位进行一次综合检查,开展以起重吊装、架桥机、脚手架、挂篮等施工作业环节及特种设备安全隐患为重点的排查治理,加强对隧道、高边坡、高大模板支撑体系、现浇支架、挂篮浇筑等施工部位和工序的重点整治(图 1-1)。主要做法有:

(1)检查留有痕迹。施工是一个动态过程,安全生产隐患整改也是一个动态过程,对于不能立即整改但又需要整改的安全隐患,云茂项目采用“安全生产检查记录表”的形式,对存在的安全隐患现场签发检查记录表,要求检查人员和受检单位负责人签字确认,明确整改责任定人、整改措施和整改完成时间,监理督促、施工单位整改、业主复查的步骤。

(2)标准格式化。安全生产检查一律采用规定格式检查用表,内容清晰,有检查、有记录、有整改、有反馈、有复查。

(3)建立重大风险源联合检查机制。根据现场存在的重大风险源,云茂公司印发了《关于强化重大风险点管控和执行联合巡查工作机制的通知》,对重点设备、关键部位和工序进行四方联合检查,施工单位安全员、现场负责人、监理责任人、业主代表均要到现场进行隐患排查,明确检查项目,规定最低检查频率,并签字确认。云茂项目每个月开展一次综合检查,并结合现场施工实际,开展专项检查,以施工方案的落实情况、安全标准化执行情况及特种设备管理为重点,排查隐患,查找安全管理漏洞,及时进行整改。

图 1-1　安全生产检查

4)“零事故班组”和“平安工地”建设

(1)以人为本,强化一线班组管理。为提高施工班组安全管理水平、一线员工安全素质和自我保护能力，充分调动一线员工参与和监督安全管理的积极性，积极开展创建“平安工地”和“零事故班组”活动。

在创建“平安工地”和“零事故班组”的过程中，云茂项目运用多媒体培训工具箱、安全培训体验馆等先进的教育培训技术，落实班前班后安全讲评制度，并定期不定期开展安全生产隐患排查和专项检查，及时整改，消除隐患。

（2）扎实开展考核评比，提升全线安全管理水平。严格落实“平安工地”考核评价制度，施工单位每个月开展一次自评，监理单位和云茂公司每季度对全线进行全面的安全考核评价。通过“平安工地”考核评比活动，提升了广大施工单位和监理单位对安全工作的积极性，全线形成了安全管理比落实、安全防护比可靠、安全水平比成绩，各施工单位你追我赶的良好氛围。

5）安全管理向“标准化”“智慧化”转变

（1）持续推进项目施工安全“标准化”。

①云茂公司印发了《云茂高速公路施工安全防护设计图册》，见图1-2。针对云茂项目墩柱、盖梁施工，推广应用装配式盖梁操作平台（图1-3），增强盖梁作业平台的本质安全性，平台四周设置钢板网，防护强度高，操作平台与上下爬梯之间自由衔接，作业人员进出平台更加安全、方便，提高了安全保障能力。

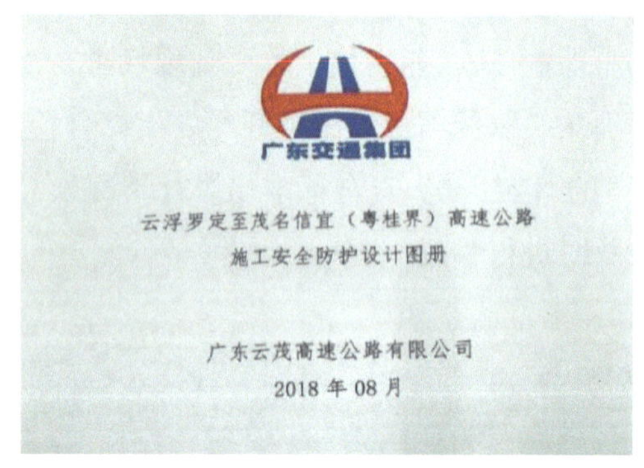
广东交通集团

云浮罗定至茂名信宜（粤桂界）高速公路
施工安全防护设计图册

广东云茂高速公路有限公司
2018年08月

图1-2　施工安全防护设计图册

图1-3　装配式盖梁操作平台

②云茂公司印发了《云茂高速公路项目施工现场安全常见问题图册》，该图册汇总了建设过程中常见安全问题，辅助以说明，以警示各施工单位后续安全管理，提升安全管理人员发现问题的能力。

③通过标杆经验介绍，现场观摩，以点带面，引领全线安全标准化和“平安工地”建设。全线评选出“G324国道跨线占道围蔽”“大田头大桥高墩施工防坠棚”“平塘特大桥20号墩施工升降机”等51项安全标杆。限高门架及防护棚如图1-4所示，薄壁墩爬模施工标准化平台如图1-5所示。

图 1-4　限高门架及防护棚

图 1-5　薄壁墩爬模施工标准化平台

(2)高危工序“智慧化”,实行联合巡查制度。为切实有效加强重大风险点管理,云茂公司印发《关于强化重大风险点管控和执行联合巡查工作机制的通知》,通过对全线重大风险点的梳理,将各标段存在的重大风险点和安全管控相关责任人及对相关风险点管控要素予以明确,执行施工、监理、业主代表联合巡查机制。

(3)推动项目施工安全“标准化”“智慧化”落到实处。

①严控人工挖孔桩施工,做好安全管控。通过前期调研,分析挖孔桩施工安全关键控制环节,云茂公司提出了 7 项施工安全防护标准措施,固化了 6 条施工安全标准化管控流程,并推广应用到全线人工挖孔桩施工点。从入口把关,到每日班前进行安全生产条件检查、班后进行安全总结,提升班组安全意识,杜绝现场违规施工,规范使用现场安全标准化防护设施,降低现场施工安全风险。云茂项目人工挖孔桩共计 2469 根,2019 年底已全部顺利完成施工,实现零伤亡、零事故安全目标。人工挖孔施工方案评审、人工挖孔桩安全防护措施如图 1-6、图 1-7 所示。

图 1-6　人工挖孔桩施工方案评审

②推广应用隧道形变智能实时监测预警系统,保障安全。为规范隧道施工安全管理,云茂公司聘请资深隧道专家作为隧道施工技术顾问,把关隧道施工方案;勘察围岩,对隧道施

工的安全隐患逐一排查，重点检查隧道施工“六控制”和“铁九条”执行情况；并以隧道施工专项方案为依据，现场核对方案落实情况，聘请独立第三方进行监控量测和质量检测（图1-8、图1-9）。

图1-7　人工挖孔桩安全防护措施

图1-8　隧道初期支护混凝土质量检测

图1-9　第三方监控量测

云茂项目在全线隧道运用三维激光扫描技术进行监测，并在南寨隧道、新屋隧道等地质条件差的隧道运用隧道形变智能实时监测预警系统。

③严控特种设备安全，确保人员持证上岗。云茂公司印发《关于落实架桥机“三牌一本”制安全管理的通知》，要求在每台架桥机上悬挂工程概况牌，架桥机架梁作业风险、应急告知牌，安全责任牌及检查记录本，并在架桥机上安装架梁监控系统，以加强架梁施工作业安全管理，防范化解重大安全风险。

云茂公司坚持对设备进场的验收手续，塔式起重机和门式起重机等起重设备装拆技术方案及特种设备“三证”“一机一档”的资料归档，特种设备安全保护装置、特种设备作业人员与施工实际是否相符、特种设备作业人员数量和资质等进行专项检查，及时落实隐患整改，有效防范特种设备安全事故。

④严控高边坡施工，落实开挖一级防护一级。云茂项目高边坡工程众多，最高达 7 级，云茂公司组织第三方监测单位对全线高边坡施工情况进行专项监测和检查，并在危险性较大的高边坡施工现场安装地表沉降警报系统；对不按照“开挖一级防护一级”的要求施工、支护不及时的，边坡排水设施未及时施作的，不规范施工高边坡有变形风险的，进行重点整治（图 1-10、图 1-11）。

图 1-10　高边坡施工采用自动化智能监测系统

图 1-11　高边坡开挖一级、防护一级

⑤全面推广装配式盖梁操作平台。与传统工艺制作的盖梁作业平台相比，装配式盖梁作业平台由拼装式构件组成，增强了盖梁作业平台的本质安全性（图 1-12）。平台四周设置钢板网，防护强度高，操作平台与上下爬梯之间自由衔接，作业人员进出平台更加安全、方便，提高了安全保障能力。

图 1-12　装配式盖梁作业平台

⑥高空作业无悬挂点，设置安全“生命线”。架梁作业、支座垫石、防撞护栏施工均存在较长时间的高空作业，缺乏行之有效的临边防护方案，主要靠悬挂安全带来保证作业人员的人身安全。由于施工人员需要经常移动，为保证施工人员在高空移动作业过程中的安全，采用在盖梁顶面、架桥机和防撞护栏模板体系上设置牢固、通长的安全母索，安全带的扣环可在母索上滑动（图 1-13、图 1-14），解决了高空作业安全带无悬挂点的问题，可确保作业人员

在高空移动作业过程中，不发生高处坠落事故。

图 1-13　防撞护栏施工安全母索

图 1-14　架梁作业安全母索

6）加强路面交叉作业安全管控与交通安全管制

编制了《云茂高速公路交叉施工安全生产协议书（范本）》，要求房建、土建、交安机电施工单位与路面施工单位签订安全生产协议，明确各自在施工区域内的安全管理主体责任。

为加强路面施工交通安全的管制，规范在已完成交验的路基及已完成基层施工的路面行驶车辆的交通安全行为，云茂项目采取了以下主要措施：

（1）组织安质部业主代表、路面施工单位安全管理人员和监理单位有关人员在路面先行标召开“云茂高速公路路面施工交通管制现场观摩会”，通过现场观摩，学习路面施工交通管制的经验。

（2）结合现场实际情况，落实广东省交通运输厅施工安全标准化要求，先后印发了《关于加强云茂项目路面施工安全管理的通知》《关于强化云茂项目路面施工交通管制的通知》《关于进一步加强路面交叉施工交通安全管理工作的通知》。建章立制，讲明管理要求，为现场路面施工安全管理和交通安全管控指明方向。

（3）组织路面交通安全管控和交叉施工安全专项检查，并及时印发专项检查通报，及时将存在的问题进行整改。

（4）设立值班岗亭（图 1-15）和自动抓拍电子门禁系统，加强主线便道口的交通管制，路面施工单位安排专人对便道口进行 24 小时不间断管理，进出路口的车辆凭车辆通行证通过。在主线交叉道口、车道转换等位置设置减速慢行、限速、指示方向等标志。

（5）办理车辆行驶临时通行证（图 1-16）。为施工单位、监理单位、建设单位和外来参观检查单位车辆办理临时通行证。不同单位的车辆临时通行证用不同颜色和编号区分，并制作二维码，通过扫描二维码就可识别车牌、行驶证、驾驶员驾驶证和身份证信息，多角度加强对路面行驶车辆的管控。

图 1-15　入口值班岗亭及车牌自动识别系统

图 1-16　路面车辆临时通行证

7）加强安全保障，落实应急管理

云茂公司结合项目施工特点和施工安全风险评估成果，按国家颁布的应急预案编制导则，编制项目应急预案，召开专家评审会，并组织应急预案演练，先后组织了消防、物体打击、高处坠落、防触电等应急演练。各施工单位每年组织两次应急演练，截至 2020 年 11 月，云茂项目共计开展应急演练 90 余次。

CHAPTER 2 第2章

安全管理体系建设

项目建设安全生产管理工作，遵循“安全第一、预防为主、综合治理”的方针，落实企业主体责任。以安全风险管理、隐患排查治理、职业病危害防治为基础，以安全生产责任制为核心，建立安全生产标准化管理体系，实现全员参与，全面提升安全生产管理水平，持续改进安全生产工作，不断提升安全生产绩效，预防和减少事故的发生，保障人身安全健康，保证项目工程施工的有序进行。

2.1 目标管理

安全生产目标是指在一定条件下、一定时间内完成安全活动所达到的某一预期目的的指标。

2.1.1 目标制定与实现

(1)结合实际制定安全生产目标。安全生产目标应：

①符合或严于相关法律法规的要求；

②形成文件，并得到本企业所有从业人员的贯彻和实施；

③与企业的职业安全健康风险相适应；

④具有可考核性，体现企业持续改进的承诺；

⑤便于企业员工及相关方获得。

安全生产目标的制定应切合项目实际，要求内容明确、具体、量化，有时限性。安全生产目标应以文件形式正式发布，使全体员工和相关方获知。

(2)根据安全生产目标制定可考核的安全生产工作指标，指标应不低于上级下达的目标。

安全生产工作指标是指量化的安全生产指标，又称控制指标。对安全生产目标进行量化，使其更具体化、更有针对性，便于各单位对安全生产目标的实施、考核和统计的开展。各单位制定的指标应不低于上级下达的安全考核指标，并且符合法律法规的要求。

(3)制定实现安全生产目标和工作指标的措施。

安全生产工作目标和指标明确后，要有一系列的措施来保证安全目标和指标的实现。制定的措施应该具体、责任明确。措施一般包括：完善安全管理机构，明确安全生产责任，资金保障，建立安全生产制度体系，安全教育与培训，设备设施维护与保养，应急训练与演习等。

(4)制定安全生产年度计划和专项活动方案，并严格执行。

要推进安全生产工作的进步,就要特别针对某些突出的安全生产问题和隐患,制定年度计划和年度专项活动方案,使其更具有针对性和操作性。专项活动方案包括指导思想、活动主题、组织机构、工作目标、时间节点与具体活动内容等。

(5)将安全生产工作指标进行细化和分解,制定阶段性的安全生产控制指标,并予以考核。

结合实际,按照组织机构及下属单位在安全生产中可能面临的风险大小,将本单位年度安全生产目标转化成阶段性的安全生产控制指标,并逐级细化分解,落实到每个所辖单位(工区)、部门、班组和岗位。通过对指标进行考核,激励全体职工的积极性,保证指标完成。

(6)建立安全生产目标考核与奖惩的相关制度,并定期对安全生产目标完成情况予以考核与奖惩。

考核奖惩是提升安全管理最有效的方法之一;激励约束、奖优罚劣,各单位要制定相应的规章制度或管理办法明确考核与奖惩的程序和要求;制度应当明确考核、奖惩的对象,考核的时限,考核的程序与方法,考核的具体内容,奖惩条件等,并要明确考核的责任部门,保证考核和奖惩工作的实施;安全生产考核与奖惩要规范、合理,有效实施。

各单位要根据安全生产目标考核与奖惩制度的规定,定期对所有部门和岗位的目标完成情况进行考核,重点考核项目负责人,一般分为月度跟踪、季度分析、半年检查和年度考核,并兑现奖惩。

2.1.2 项目安全目标

项目安全生产目标:人员零伤亡、经济零损失、工期零延误。

项目安全生产愿景:树安全标杆,建智慧工地,创品质工程。

(1)生命安全是底线、红线、高压线。以创建“平安工地”“零事故”班组建设为抓手,以广东省交通运输厅颁布的《广东省高速公路工程施工安全标准化指南》为指导,依托项目首创的安全生产费用清单化管理模式理顺整个项目安全管理,进一步增强安全意识,夯实云茂项目建设各项安全工作基础,通过比安全保证体系、比安全责任落实、比安全教育培训、比安全技术交底,切实提高项目安全生产监管水平,确保无安全责任事故,创建“平安工程”。

(2)零伤亡生产安全责任事故。全力杜绝重大生产安全事故,有效防范较大以上事故,有效控制一般事故,建设工程亿元投资事故率小于0.02起,亿元投资死亡率小于0.02人;从业人员培训教育覆盖率100%、事故隐患整改率100%、特种作业人员持证上岗率100%、特种设备检验检测率100%。

(3)“首责制”落实施工安全标准化,提高施工作业“本质安全”。首先构建安全生产责任体系,核心是安全生产责任制。

2.2 管理机构和人员

2.2.1 机构与人员配置要求

(1)成立安全生产领导小组。

《建筑施工企业安全生产管理机构设置及专职安全生产管理人员配备办法》规定,建筑施工企业应当在建设工程项目组建安全生产领导小组。建设工程实行施工总承包的,安全生产领导小组由总承包企业、专业承包企业和劳务分包企业项目经理、技术负责人和专职安全生产管理人员组成;并建立健全从安全生产领导小组至基层班组的安全生产管理网络。

施工项目安全生产领导小组负责组织、研究、部署本项目安全生产工作,专题研究重大安全生产事项,制定、实施加强和改进本项目安全生产工作的措施。

(2)项目经理部应设置专职安全生产管理人员,从业人员超过100人的项目应设置独立的安全生产管理部门。

《中华人民共和国安全生产法》规定:建筑施工单位应当设置安全生产管理机构或者配备专职安全生产管理人员。从业人员超过100人的,应当设置安全生产管理机构或者配备专职安全生产管理人员;从业人员在100人以下的,应当配备专职或者兼职的安全生产管理人员。

《建设工程安全生产管理条例》规定:施工单位应当设立安全生产管理机构,配备专职安全生产管理人员。

(3)具有一定规模或经评估风险较大的施工项目应设置安全总监,安全总监宜持有国家注册安全工程师证书和相应的安全生产考核合格证书。

具有一定规模是指施工项目的路线长度、互通服务区数量、互通大小、桥梁、隧道、路面等的规模或工程造价达到大型工程项目标准。

项目安全总监是施工项目安全生产的第一监管人,是承担对项目安全生产具有重要影响力和关系项目全局性安全工作事务的工作岗位。项目安全总监应持有“公路水运工程施工企业安全生产管理人员安全生产考核合格证书”(C类)上岗,不得兼任。

一般而言,公路水运工程施工项目凡专项风险经评估等级达到高度风险(Ⅲ级)及以上的应设置安全总监,其余项目根据情况设置。

《中华人民共和国安全生产法》规定:鼓励生产经营单位聘用注册安全工程师从事安全生产管理工作。

(4)项目经理部应明确项目负责人、各部门及作业层的安全岗位职责及责任人。

安全生产工作实行“党政同责、一岗双责、齐抓共管、失职追责”的责任制原则,项目经理部从业人员不仅要对所在岗位承担的具体业务工作负责,还要对所在岗位相应的安全生产工作负责。

项目负责人是本项目安全生产的第一责任人,全面负责本项目安全生产工作,负全面组织领导、管理责任和法律责任;项目分管安全生产的负责人是安全生产的重要负责人,统筹协调和综合管理项目的安全生产工作,对本项目安全生产负重要管理责任;项目其他负责人对业务范围内的安全生产工作负责。

《国务院安委会办公室关于全面加强企业全员安全生产责任制工作的通知》明确了从主要负责人到一线从业人员(含劳务派遣人员、实习学生等)的安全生产责任、责任范围和考核标准;安全生产责任制应覆盖本企业所有组织和岗位,其责任内容、范围、考核标准要简明扼要、清晰明确、便于操作、适时更新。

2.2.2 项目机构设置

为实现云茂项目总体目标,结合项目特点,根据广东省交通集团有限公司《高速公路项目建设单位组织架构和人员编制管理暂行办法》要求、项目建设工作需要,云茂公司设置综合事务部、计划合约部、工程技术部、征地拆迁部、财务管理部、安质管理部、管理处 7 个职能部门,职能部门下设业务组。

云茂公司组织架构图如图 2-1 所示。

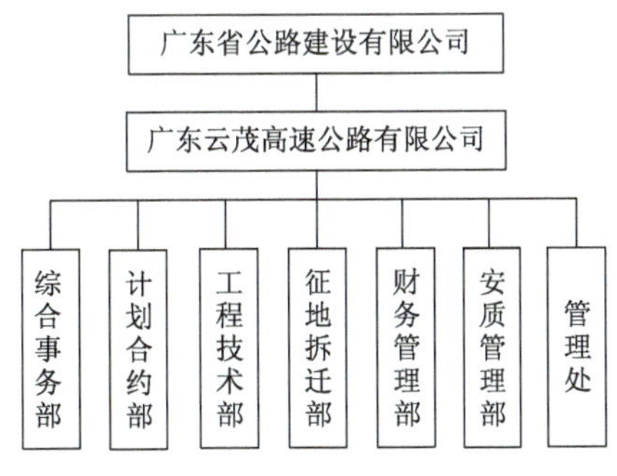

图 2-1　云茂公司组织机构图(建设期)

各参建单位按照交通运输部《公路水运工程安全生产监督管理办法》(交通运输部令 2017 年第 25 号)的要求,落实安全生产责任。

云茂公司建立健全安全生产责任制度和安全生产管理体系，设立安质管理部作为公司安全管理机构；参建单位按有关要求，建立安全生产管理体系，设立专职安全管理机构和配备专职安全管理人员。

云茂公司安全管理机构如图2-2所示。

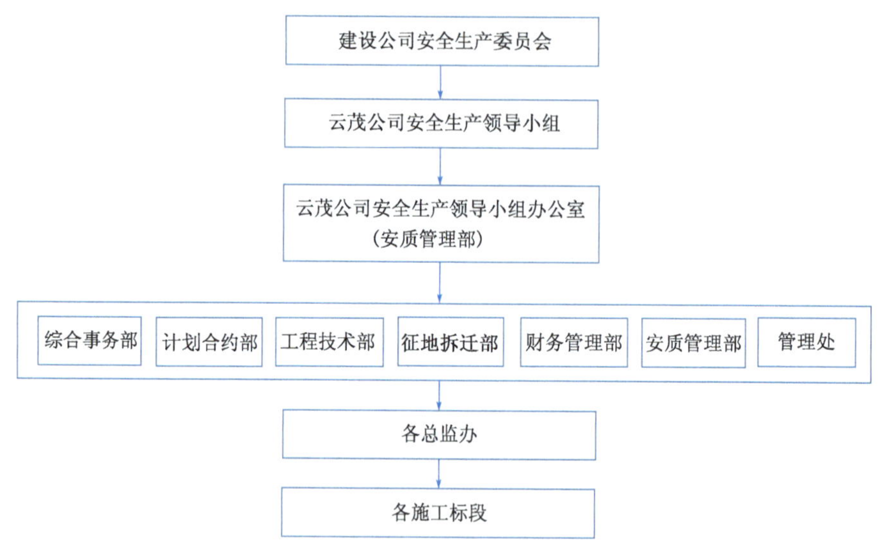

图2-2　云茂公司安全管理机构图

2.2.3　人员配置

1）人员配备情况

项目建设单位安全管理人员配置如下：当工程项目的建安投资在30亿元及以下时，须配备不少于2名专职安全生产管理人员；建安投资超过30亿元时，每增加20亿元增配1人。

云茂公司安质管理部共设26人，其中专职安全管理3人（含1名副经理），其余为兼职安全员。各参建单位配备专职安全管理人员共109人，通过责任书的签订，逐级落实安全职责，使安全生产的各项工作都顺畅对接，切实落实“一岗双责”，极大加强了业主对现场安全管理的掌控力和执行力。

2）从业人员资格条件

（1）项目负责人及专职安全管理人员应持有相应的安全生产考核合格证书。施工项目的主要负责人和安全生产管理人员应当经交通运输主管部门对其安全生产知识和管理能力考核合格。

项目经理部安全生产管理人员包括：企业授权的工程项目负责人、具体分管项目安全生产工作的负责人、项目技术负责人,项目专职从事安全生产工作的管理人员。安全生产管理人员从事公路水运工程安全生产管理工作时,应持有相应行业一个管理类别的安全生产考核合格证书。

安全生产考核合格证书由省级交通运输主管部门核发或变更,在全国范围内有效,有效期为 3 年,到期复核通过的延期 3 年。

(2)施工现场应按规定足额配备专职安全员。《公路水运工程安全生产监督管理办法》规定:施工项目应当根据工程施工作业特点、安全风险以及施工组织难度,按照年度施工产值配备专职安全生产管理人员,不足 5000 万元的至少配备 1 名;5000 万元以上不足 2 亿元的按每 5000 万元不少于 1 名的比例配备;2 亿元以上的不少于 5 名,且按专业配备。

(3)特种作业人员应持证上岗。《中华人民共和国安全生产法》第三十条规定:生产经营单位的特种作业人员必须按照国家有关规定经专门的安全作业培训,取得相应资格,方可上岗作业。《特种设备作业人员监督管理办法》第二十二条规定:“特种设备作业人员证”每 4 年复审一次。持证人员应当在复审期满 3 个月前,向发证部门提出复审申请。复审合格的,由发证部门在证书正本上签章。对在 2 年内无违规、违法等不良记录,并按时参加安全培训的,应当按照有关安全技术规范的规定延长复审期限。

《公路工程施工安全技术规范》(JTG F90—2015)附录 D 规定了 17 类特殊作业人员(含特种作业人员)。

2.3 制度建设

各单位应及时识别、获取适用的安全生产法律法规、规范标准及其他要求,跟踪、掌握有关法律法规、标准规范的修订情况,并将安全生产法律法规、标准规范及相关要求及时转化为本单位的规章制度,明确责任部门,建立清单和文本(或电子)档案,并定期发布。各单位应及时对从业人员进行适用的安全生产法律法规、规范标准宣贯,并根据法规标准和相关要求及时制修订本企业安全生产管理制度。

云茂公司在开工前识别适用的安全生产法律、行政法规、部门规章、地方法规、地方规章和相关标准、规范性文件,建立管理清单,每半年更新一次。根据相关法规标准和上级公司的相关要求及时编制、修订本工程项目安全生产管理制度,印发单位各部门和各施工单位。

安全生产制度发布后,各单位通过会议、培训、宣传栏等方式组织从业人员进行制度的学习与培训,推动制度的实施。每年 12 月对安全生产制度的落实情况进行评估,形成评估报告,针对存在问题,持续改进,确保制度内容完整、可操作性强。

2.3.1 安全生产责任制度

各单位制定安全生产责任制和考核制度,并逐级签订安全生产责任书。

安全生产责任制,是根据安全生产法律、法规,按照“安全第一、预防为主、综合治理”的方针以及“管生产必须管安全”的原则,结合各自的工作任务、岗位特点,对本单位领导成员、职能部门及全体员工在生产过程中应负的安全生产责任做出规定,是各单位安全管理的重要制度之一。

各单位建立安全责任考核机制,制定安全生产责任考核制度。建立以岗位安全绩效考核为重点,以落实岗位安全责任为主线,以杜绝岗位安全责任事故为目标的全员安全生产责任考核办法。对本单位管理部门、各级管理人员及从业人员安全职责的履行情况和安全生产责任制的实现情况进行定期考核,考核结果应进行公示,并根据考核结果予以奖惩。加大安全生产责任考核在项目员工绩效工资、评先评优等考核中的权重,重大责任事项实行“一票否决”。

2.3.2 安全生产会议制度

建立安全生产领导小组会议和安全生产例会制度,明确会议的频次、参加人员、召开背景、程序等内容。

安全生产领导小组会议和安全生产例会主要是落实上级安全生产委员会的会议决定,总结上一阶段的安全生产工作、安全生产目标、安全生产工作指标的完成情况,传达上级对安全生产的指令、文件精神及企业安全生产相关措施,分析安全生产情况和存在的问题,单位负责人对安全生产工作进行部署、对从业人员进行安全思想教育等。

安全生产领导小组会议和安全生产例会应定期召开,遇有特殊情况时应及时召开。

安全生产领导小组会议或安全生产例会应建立会议记录和会议影像资料,并印发会议纪要。记录或纪要的内容包括召开日期、参加人员、主持人、会议主要内容、形成的决议等。会议记录应准确、全面。

会议形成的决议或要求应明确落实部门、负责人及时限,并在下一次会议时对落实情况进行通报。

2.3.3 安全教育培训制度

1)各单位应制定安全教育培训制度和计划

《中华人民共和国安全生产法》第二十一条规定:生产经营单位的主要负责人对本单位

安全生产工作负有组织制定并实施本单位安全生产教育和培训计划的职责。

《安全生产培训管理办法》第十条规定：生产经营单位应当建立安全培训管理制度，保障从业人员安全培训所需经费，对从业人员进行与其所从事岗位相应的安全教育和培训。

各单位应确定安全教育和培训主管部门，按规定及岗位需要，定期识别安全教育和培训需求，制定、实施安全教育和培训计划，提供相应的资源保证。

安全教育和培训制度应包括项目主要负责人及安全管理人员的安全生产资格培训、从业人员的“三级”教育和培训、特种作业人员的安全培训、转岗、变换工种和“四新”安全培训、复工安全教育和培训、全员和经常性安全教育和培训，并对各类培训的对象、内容、学时和档案管理做出规定。

安全教育和培训计划应明确培训目的、时间、人员、内容、学时、形式等。

2）各单位负责人、管理人员、专职安全人员、特种人员、转岗、新进场从业人员的安全教育培训学时、内容、方法等要求应明确

《中华人民共和国安全生产法》第二十八条规定：生产经营单位应当对从业人员进行安全生产教育和培训，保证从业人员具备必要的安全生产知识，熟悉有关的安全生产规章制度和安全操作规程，掌握本岗位的安全操作技能，了解事故应急处理措施，知悉自身在安全生产方面的权利和义务。未经安全生产教育和培训合格的从业人员，不得上岗作业。

（1）单位负责人和安全生产管理人员初次安全培训时间不得少于32学时。每年再培训时间不得少于12学时。

新上岗的从业人员，岗前安全培训时间不得少于24学时。

（2）单位负责人、安全生产管理人员及从业人员的安全培训内容应符合《生产经营单位安全培训规定》。

（3）各单位应当对管理人员和作业人员每年至少进行一次安全生产教育和培训，其教育和培训情况记入个人工作档案。安全生产教育和培训考核不合格的人员，不得上岗。作业人员进入新的岗位或者新的施工现场前，应当接受安全生产教育和培训。未经教育和培训或者教育和培训考核不合格的人员，不得上岗作业。施工项目在采用新技术、新工艺、新设备、新材料时，应当对作业人员进行相应的安全生产教育和培训。

施工项目使用被派遣劳动者的也应纳入本项目从业人员统一管理，进行岗位安全操作规程和安全操作技能的教育和培训。

3）培训时间、培训内容、参加培训人员的记录应清晰

各单位应当建立健全从业人员安全生产教育和培训档案，如实记录安全生产教育和培训的时间、内容、参加人员以及考核结果等情况。

2.3.4 安全生产费用管理制度

(1)制定安全生产费用管理制度,并专款专用、足额提取。

根据“规范计取,合理计划,计量支付,确保投入”的原则制定安全生产费用管理制度,明确安全生产费用使用的范围、管理的程序、职责及权限,接受安全生产监督管理部门和审计部门的监督。

(2)编制安全生产费用使用计划。

加强安全生产费用的使用,编制年度和季度(或月)安全生产费用提取和使用计划。项目年度安全费用使用计划和上一年安全费用的提取、使用情况按照制度规定报上级单位财务部门、安全生产监督管理部门备案。

(3)建立安全生产费用管理台账。

建立安全生产费用使用台账,跟踪、监督安全生产费用使用情况,明确安全生产费用使用范围和要求,落实安全防护物品、设备、设施、培训教育、应急演练等支出,确保安全生产费用专项用于安全生产。

2.3.5 职业健康管理制度

1)制定职业健康管理制度

建立安全生产与职业健康一体化管理制度,健全职业健康管理机构和专(兼)职管理人员,规定风险管控、宣传培训教育、职业病危害因素监测及评价、应急救援等管理要求,制定职业病防治工作计划和实施方案,保障资金投入,采取有效措施不断加强职业健康管理。

2)建立、健全职业卫生档案和劳动者健康监护档案

建立、健全职业病防治、工作场所职业病危害因素检测、评价、检查、事故预防、应急、劳动者健康检查、监护、教育和培训、职业病诊疗、鉴定等全过程的档案并规范管理。

《中华人民共和国职业病防治法》规定:职业健康监护档案应当包括劳动者的职业史、职业病危害接触史、职业健康检查结果和职业病诊疗等有关个人健康资料。

从事职业危害作业人员应按规定进行体检,职业健康体检机构应具有省级卫生计生行政部门颁发的《职业健康检查机构资质批准证书》,所检查类别和项目应符合证书要求。

按照《职业病分类和目录》,施工现场常见职业病包括:矽肺、电焊工尘肺、接触性皮炎、电光性眼炎、噪声聋、中暑、高原病、手臂振动病等。

2.3.6 机械设备设施管理制度

(1)建立机械设备设施管理制度及台账。

施工现场机械设备包括:通用机械、工程机械、电工机械、木工机械、汽车等。

施工临时设施是指为保证施工生产和管理的正常进行而临时搭建的各种建筑物、构筑物和其他设施。

各标段项目经理部应建立机械设备、设施管理制度,明确机械设备、设施安全管理相关要求,配置机械设备、设施管理人员,及时对机械设备进行检验,定期进行自检、维修及保养,确保其安全使用性能,建立相应的记录资料。

及时对进场的机械设备产品合格证、使用说明书等技术资料进行收集并存档,建立机械设备动态管理台账。特种设备应收集制造单位生产许可证。

(2)建立特种设备管理制度、台账及管理档案,一机一档。

各标段项目经理部应建立特种设备安全管理制度及特种设备事故应急预案,按照“一机一档”的原则建立特种设备安全技术档案。对现场特种设备及其操作人员建立动态台账,明确设备名称、进退场时间、岗位、工种、持证情况等信息,备存身份证复印件,并按要求进行相应的备案。

特种设备安全技术档案应当包括以下内容:①特种设备的设计文件、产品质量合格证明、安装及使用维护保养说明、监督检验证明等相关技术资料和文件;②特种设备的定期检验和定期自行检查记录;③特种设备的日常使用状况记录;④特种设备及其附属仪器仪表的维护保养记录;⑤特种设备的运行故障和事故记录。

公路工程特种设备目录参照《公路工程施工安全技术规范》(JTG F90—2015)附录 E“特种设备名录”及《质检总局关于修订〈特种设备目录〉的公告》(2014 年第 114 号)、《质检总局关于实施新修订的〈特种设备目录〉若干问题的意见》(国质检特〔2014〕679 号)的相关规定。

(3)特种设备投入使用前应经具备相应资质的单位检测合格,日常检查、维修、保养记录应齐全。

特种设备安装、改造、修理的施工项目应在施工前将拟进行的特种设备安装、改造、修理情况书面告知省级或者地市级人民政府负责特种设备安全监督管理的部门。

特种设备安装、改造、修理竣工后,安装、改造、修理的施工项目应在验收后三十日内将相关技术资料和文件移交特种设备使用单位。特种设备使用单位应当将其存入该特种设备的安全技术档案。

各标段项目经理部应使用符合安全技术规范要求的特种设备。特种设备投入使用前,使用单位应核对其是否附有规定的相关文件。特种设备使用单位应对在用特种设备进行经常性日常维护保养，并定期自行检查。特种设备使用单位对在用特种设备应当至少每月进行一次自行检查，并作出记录。对在用特种设备进行自行检查和日常维护保养时发现异常情况的，应及时处理。特种设备使用单位应在用特种设备的安全附件、安全保护装置、测量调控装置及有关附属仪器仪表进行定期校验、检修，并作出记录。

(4)特种设备安装、拆除应由具备相应资质的单位承担。

压力容器、电梯、起重机械及其安全附件、安全保护装置的制造、安装、改造单位，以及压力管道用管子、管件、阀门、法兰、补偿器、安全保护装置等元件的制造单位和场(厂)内专用机动车辆的制造、改造单位，应当经国务院特种设备安全监督管理部门许可，方可从事相应的活动。

特种设备的制造、安装、改造单位应具备下列条件：①有与特种设备制造、安装、改造相适应的专业技术人员和技术工人；②有与特种设备制造、安装、改造相适应的生产条件和检测手段；③有健全的质量管理制度和责任制度。

(5)大型模板、承重支架及未列入国家特种设备目录的非标准设备投入使用前，应组织验收。

按照《关于实施〈危险性较大的分部分项工程安全管理规定〉有关问题的通知》(建办质〔2018〕31号)的规定，大型模板是指：

①各类工具式模板工程：滑模、爬模、飞模、隧道模等工程；

②混凝土模板支撑工程：搭设高度5m及以上，或搭设跨度10m及以上，或施工总荷载(设计值)10kN/m^2及以上，或集中线荷载(设计值)15kN/m及以上，或高度大于支撑水平投影宽度且相对独立无联系构件的混凝土模板支撑工程。

承重支架是指用于钢结构安装、预应力钢筋混凝土梁现浇等满堂支撑体系。

非标准设备主要是指自升式爬模、滑模系统、翻模系统、挂篮、移动模架、简易提升设备等。非标准设备在投入使用前，应符合安全技术规范要求，使用单位应当按照安全技术规范的要求进行检验检测和预压，未经定期检验或者检验不合格的设备，不得投入使用。

大型模板、承重支架及未列入国家特种设备目录的非标准设备或其主要部件应由具备相应资质的单位生产制造，出具生产合格证；按规定进行检验，并由具备检验资格的单位出具检验报告。投入使用前，施工项目应组织技术、设备、安全、质量等部门进行验收，并根据相应的检测和试验结果，填写试验检测和验收记录。

2.3.7 危险化学品安全管理制度

(1)制定危险化学品安全管理制度。

使用危险化学品的标段，其使用条件(包括工艺)应符合法律、行政法规的规定和国家标准、行业标准的要求，并根据所使用的危险化学品的种类、危险特性以及使用量和使用方式，建立、健全使用危险化学品的安全管理规章制度和安全操作规程，明确项目施工生产中所涉及的危险品的名称、种类、风险等级、管控措施、应急处置等，保证危险化学品的安全使用。

(2)危险化学品管理人员应配备到位并持证上岗。

生产、储存、使用、经营、运输危险化学品单位应具备法律、行政法规规定和国家标准、行业标准要求的安全条件，建立、健全安全管理规章制度和岗位安全责任制度，配备依法取得相应资格的人员，并对从业人员进行安全教育、法制教育和岗位技术培训。从业人员应当接受教育和培训，民用爆炸物品从业人员应经考核合格后上岗作业。

(3)危险化学品进出库及退库台账应清晰，管理措施、使用记录等应符合相关规定。

危险化学品应当储存在专用仓库、专用场地或者专用储存室内，并由专人负责管理；剧毒化学品以及储存数量构成重大危险源的其他危险化学品，应当在专用仓库内单独存放，并实行双人收发、双人保管制度。

危险化学品的储存方式、方法以及储存数量应当符合国家标准或者国家有关规定。

储存危险化学品的单位应当建立危险化学品出入库核查、登记制度。

项目经理部要严格执行危险化学品入库前记账、登记制度，入库后应当定期检查并做详细的文字记录。

(4)爆破工程施工应得到有关部门批准。

使用爆破器材的单位，必须经上级主管部门审查同意，并持说明使用爆破器材的地点、品名、数量、用途、四邻设施距离的文件和安全操作规程，向所在地县、市公安局申请领取《爆炸物品使用许可证》后，方准使用。施工项目应留存好《爆炸物品使用许可证》等相关批准文件资料，及时报备并妥善保管。

进行爆破作业的单位应依法取得《爆破作业单位许可证》。

(5)项目经理部应按规定编制爆破设计书及施工组织设计。

A 级、B 级、C 级、D 级爆破工程均应编制爆破设计书；其他一般爆破应编制爆破说明书。爆破工程开工之前，应由爆破单位根据设计文件和施工合同编制施工组织设计。

爆破单位必须按规定编制《爆破设计书》《爆破工程施工组织设计》及相关方案、管理措施文件，及时上报、报备，审批后及时归档。

制定相关的爆破安全操作规程，及时向爆破员及安全员进行交底。

2.3.8 消防安全制度

(1)制定消防安全制度，绘制消防设施布设图，明确消防责任区域、责任人。

施工项目应在施工现场建立消防安全责任制度，确定消防安全责任人，制定用火、用电、使用易燃易爆材料等各项消防安全管理制度和操作规程。

各单位应按照国家有关规定，结合本单位的特点，建立健全各项消防安全制度和保障消防安全的操作规程，并明确逐级和岗位消防安全职责，确定各级、各岗位的消防安全责任人，公布执行。

消防安全制度主要包括以下内容：消防安全教育、培训；防火巡查、检查；安全疏散设施管理；消防（控制室）值班；消防设施、器材维护管理；火灾隐患整改；用火、用电安全管理；易燃易爆危险物品和场所防火防爆；专职和义务消防队的组织管理；灭火和应急疏散预案演练；燃气和电气设备的检查和管理（包括防雷、防静电）；消防安全工作考评和奖惩；其他必要的消防安全内容。

各标段应在“两区三厂”（生活区、办公区，预制厂、混凝土拌和厂、钢筋加工厂）设置消防设施布设图，划分消防责任区域，明确责任人、责任范围，并在入口处设置明显标识。

（2）建立消防器材管理使用台账，消防器具配置及维护应符合相关规定。

各单位应按照国家标准、行业标准配置消防设施、器材，设置消防安全标志，确保齐全完好有效。

各单位应按照有关规定定期对灭火器进行维护保养和维修检查。对灭火器应当建立档案资料，记明配置类型、数量、设置位置、检查维修单位（人员）、更换药剂的时间等有关情况。

2.3.9 安全检查制度

（1）制定安全检查制度。

根据安全生产法律法规对施工项目相关责任人的职责要求，各单位应建立完善安全检查制度，明确检查方式、内容、频次、责任主体等规定。一般包括定期检查和专项检查等。

（2）建立负责人带班制度。

各单位应根据项目施工特点，建立负责人施工现场轮流带班生产制度，明确工作内容、职责权限、人员安排和考核奖惩等要求，制定月度带班生产计划，并严格实施。

施工期间，每日带班生产的负责人姓名及其联系方式、监督电话等，应当在项目驻地立牌公告。

项目负责人现场轮流带班生产制度执行情况纳入对施工企业的信用评价范围。

（3）制定隐患排查工作方案，明确隐患排查频率，应对发现隐患进行分析，制定具有针对性的隐患治理措施。

编制事故隐患排查治理工作方案，定期组织安全生产管理人员、工程技术人员和其他相关人员排查本单位的事故隐患，对排查出的事故隐患，制定针对性的隐患治理措施；应当按照事故隐患的等级进行登记，建立事故隐患排查台账，并按照职责分工实施监控治理。隐患排查台账的内容包括：隐患名称、存在时限、完成时间、存在的部位、地点和环节、治理措施、责任部门及个人、治理资金、预案等方面。

(4)挂牌督办的重大安全隐患应按相关规定及时整治并销号。

项目经理部在重大隐患治理过程中，应采取相应的安全防范措施。重大隐患治理过程中无法保证安全的，应从危险区域内撤出作业人员，并疏散可能危及的其他人员，设置警戒标志，暂时局部或全部停工；对暂时难以停工或者停止使用的设施、设备，应当加强监测与维护，防止意外事故发生。

重大隐患治理整改结束后，项目经理部应及时将整改情况向项目监理、建设单位以及本企业安全管理部门进行书面报告。报告内容包括：①重大隐患的现状及其产生原因；②采取的治理措施和实施过程；③治理效果以及可能存在的遗留问题；④预防措施；⑤其他意见建议。

(5)明确定期、专项安全检查的时间、频率、责任人、检查内容、实施要求等。

项目经理部定期安全检查每月应不少于一次。专项检查应结合施工所处阶段、季节变化、节假日或特殊时期、风险因素或隐患治理等专门开展。通过检查及时消除施工现场的安全隐患，改进和提高项目安全管理。

(6)检查、整改应有书面记录，并形成闭合管理。

安全检查记录应详细记录检查时间、对象、检查内容、整改要求、检查人员及被检查单位责任人。整改记录应包括隐患或问题描述、原因分析、整改措施、整改完成时间、责任人及验证人等内容。检查、整改记录应清晰，签字齐全，存在问题及隐患实现闭合管理，重大隐患必须挂牌督办。

2.3.10 安全奖惩考核制度

(1)制定安全奖惩考核制度，制度中应明确奖惩的条件及方式。

制定安全奖惩制度，将安全生产目标责任考核与奖励、惩罚有机地结合起来，对成效显著的单位和个人要以适当形式予以表扬和奖励，对违法违规、失职渎职的，依法依规严格追究责任。

依照安全生产法律法规、项目管理目标考核及责任分工等设定奖励或处罚的条件，按照责任分工、事件性质、产生的效益或造成的损失、影响等明确奖惩方式，包括表彰、奖励、处分、处罚等。奖惩条件及方式应明确责任主体，利于实施。

(2)奖惩考核制度落实应有记录。

建立并保存有效的奖惩考核文件记录,各项表彰、奖励、处分、处罚落实到责任主体。各类记录应妥善保管并归档。

2.3.11 相关方安全管理制度

制定相关方安全管理制度。

相关方指工作场所内外与施工项目安全生产绩效有关或受其影响的个人或团体,包括:分包队伍、物资供应商、交叉作业单位、提供咨询与服务单位、进入施工现场的居民、内外部与本项目施工有关的人员等。

项目经理部应对相关方资格预审、选择、服务前准备、作业过程、提供的产品、技术服务、表现评估、续用等进行管理。

建立合格相关方的名录和档案,根据服务作业行为定期识别服务行为风险,并采取行之有效的控制措施。对进入同一作业区的相关方进行统一安全管理,签订专门的安全协议,明确双方的安全责任和义务。

2.3.12 安全生产事故报告制度

项目公司制定安全生产事故报告制度,明确安全生产事故报告程序、内容及要求,并告知项目有关从业人员。

2.4 责任制落实

云茂公司利用创建“平安工地”活动的契机,坚持以“建设单位主导、监理单位监督、施工单位负责”为原则,全力构建业主、设计、施工、监理等单位全员参与、全面覆盖及全过程管理的安全生产责任体系。

一是将项目安全管理组织机构纳入合同管理。土建总监办和施工单位均成立安全管理部,施工单位专职安全员按当年计划合同量每5000万元配1名并要求施工工区配专职安全员,各土建总监办配备专职安全副总监。同时对施工、监理专职安全管理人员实施进场考核制度,建立一套与建设规模相配套的专业化安全管理队伍。

二是项目实施“一岗双责”和“党政同责”责任制。总经理和书记挂帅安全生产工作领导小组,项目成立安质管理部负责安全生产工作。

2.4.1 岗位责任清单

项目建设安全生产工作必须坚持“管业务必须管安全”“管生产必须管安全”“谁主管谁负责”的原则，贯彻“全员参与、全面覆盖、全过程管理”的原则。

云茂公司建立安全生产责任制度，明确各部门(岗位)安全生产职责、考核标准等内容，并按年度进行考核，实施奖惩。

2.4.2 责任书签订

安全生产责任书层层签订，层层夯实安全生产责任。

项目公司成立后，须及时与上级公司签订安全生产责任书，明确项目安全生产管理目标、控制指标和双方安全生产职责，并对目标指标进行分解。项目公司负责人与各分管负责人签订，各分管负责人与所分管的部门负责人签订，各部门负责人与各岗位员工签订。

施工单位进场后，项目公司负责人及时与各标段负责人签订安全生产责任书，明确项目标段安全生产管理目标、控制指标和双方安全生产职责，并对目标指标进行分解。标段负责人与各分管负责人、专业队负责人签订，各分管负责人与所分管的部门负责人签订，各部门负责人与各岗位员工签订，专业队负责人与班组负责人签订，班组负责人与作业工人签订。

安全生产责任书须载明责任单位(部门、岗位)的安全生产目标、安全生产职责、工作要求、考核和奖惩等内容。

安全生产责任书的责任周期为一年，每次期满后双方重新签订。

2.4.3 责任考核与奖惩

每个责任周期期满时，各单位按周年开展安全生产责任制考核，实施奖惩。考核工作由安全生产领导小组实施，主要考核各部门、各岗位人员落实岗位安全职责情况、个人安全意识、施工安全风险控制管理情况、管辖部门、施工区域和业务范围内安全生产相关目标指标完成情况。

2.5 安全生产费用管理

工程项目安全生产费用是指由项目建设单位列支，各参建单位按照相关规定和标准使用，专门用于设置安全防护设施、落实安全生产措施、改善安全生产条件、加强安全管理等所需的资金。安全生产费用管理应遵照“按规提取、合理使用、确保需要”的原则，并按照有关规定、行业标准以及合同约定等确定提取标准。

项目建设单位在编制工程招标文件时，应明确安全生产费用的总金额或比例、预付金额或比例、计量支付方式与时限、具体使用要求、调整方式等条款。安全生产费用不足时，应按照风险共担原则协商解决。

安全生产费用应专款专用、专户核算，任何单位或个人不得挤占或挪用。

云茂项目实行清单化安全生产费用管理。编制安全生产费用工程量清单，单列工程量清单第100章第102－3项安全生产经费，在安全措施标准化的基础上研究编制出标准完善的安全生产费用工程量清单。

安全生产费用清单化管理办法将项目安全生产费用范围量化，形成统一的标准，使安全生产投入有依据、检查有标准、整改有要求，计量支付明确清晰，改变粗放管理现象，有效防止施工单位将安全生产费用作为利润或者挪作他用，促进安全费用管理规范化、标准化。

2.5.1　安全生产费用计划

项目建设单位在编制工程概(预)算时，应依据工程基本建设项目概算预算编制办法及广东省的相关补充规定，计列安全生产费用。

项目建设单位在建设工程招标时，应分别确定各合同段所需的安全生产费用，以总价形式单列作为固定报价，不得作为竞争性报价，并分别包含在招标控制价和投标报价中。安全生产费用应以招标控制价所包含的全部建筑安装工程费用(工程量清单第100章至第900章费用之和，扣除安全生产费和机电工程设备购置费)为计算基数按规提取，提取标准不得低于1.5%(不含改、扩建工程专项交通安全维护费)，其中房建工程不得低于2.0%。

项目施工单位应于工程项目开工前根据建设单位工程概(预)算、合同内安全生产费用清单编制安全生产费用的总体投入计划，于每年的12月上报下一年度安全生产费用投入计划，于每期报送安全生产费用计取资料是同时报送下期安全生产费用投入计划。

安全生产费用应专款专用，所有安全生产费用计划均应由监理单位审批，并报项目建设单位备案。安全生产费用计划不能满足安全生产实际投入需要的部分，据实计入生产成本。

2.5.2　安全生产费用计量

项目建设单位应同期支付安全生产费用预付款和工程预付款。安全生产费用预付款不得低于其费用总额的30%，安全生产费用预付款在后续工程款计量中分期(次)扣回。

安全生产费用的计量与支付应采用以现场计量为主，现场计量与总额包干相结合的方式。

能够以具体单位数量进行计量的安全生产费用，应采用现场计量、按实支付的方式进行计量与支付。无法以具体单位数量进行计量，或者采用具体单位数量计量难度较大的安全生产费用，可以采用总额包干、分期支付的方式进行计量与支付，但该部分费用合计应控制在合同安全生产费用总额的30%以内（含30%）。

采用现场计量的安全生产费用计量的凭证包括发票（或收据）、工程确认单、工程结算单、机械设备台班结算单、机械设备租赁合同、现场确认影像等。所有凭证应经各施工单位专职安全生产管理人员验收，项目经理确认，报监理单位审核，同意后报项目建设单位审批。

对于未能够足额投入安全生产费用或未能够提供投入证据者，项目建设单位及监理单位应当拒绝安全费用提取申请通过，并要求其限期整改，待整改完毕，复查合格后方可再行同意提取。

工程项目施工过程中，各施工单位应根据每一计量周期安全生产费用的使用情况，按照合同文件规定，编制安全生产费用计量申请表（附相关凭证）和下期使用计划，经专职安全生产管理人员、安全生产负责人和项目经理签字盖章后，报送驻地办监理工程师和项目建设单位工程管理员审核。驻地监理工程师收到安全生产费用计量申请表后，应在合同文件规定时间内完成对计量申请表的审核，核对无误后签字报总监办审核，通过后报项目建设单位审批。

项目建设单位应对经监理单位审核通过的安全生产费用计量申请表进行审批（审批流程中必须设定项目建设单位专职安全生产管理人员、安全生产管理部门负责人审核环节），同意后应在合同约定期限内将安全生产费用支付给各施工单位。

各施工单位应根据实际需要使用安全生产费用，因重大设计变更造成各施工单位安全生产费用实际投入总额与合同约定不一致的，差额部分的安全生产费用由建设单位按照批复变更金额和规定提取比例同时调整，调整比例为变更增减合同金额的1.5%，其中房建工程比例为2.0%。

除重大设计变更增补安全生产费用外，各施工单位安全生产费用实际支出超过合同约定安全生产费用总额的，建设单位与各施工单位应依据合同约定处理或按照风险共担原则协商解决。

各施工单位已经按照相关规定落实安全生产措施，但安全生产费用实际投入总额少于工程量清单中安全生产费用总额的，经监理单位核实后，余额部分建设单位可不予计量支付。

工程结算时安全生产费用未计量部分原则上不再支付。

2.5.3 安全生产费用使用管控

依据《企业安全生产费用提取和使用管理办法》(财企(2012)16 号)、《公路水运工程安全生产监督管理办法》等安全法规及标准编制安全生产费用清单。

项目建设单位对工程项目的安全防护、安全施工有特殊要求的,应在招标文件中予以明确,增加安全生产费用,并在安全生产费用清单中增加相应项目及费用。

各施工单位未按照合同约定落实安全生产措施的,项目建设单位可以责令其暂停施工或暂停支付安全生产费用,并要求监理单位督促整改,直至施工单位完成整改。施工单位未能在规定期限内完成对施工现场事故隐患整改的,项目建设单位可以直接委托其他单位代为整改,相关费用在支付给施工单位的费用中扣除,并由项目建设单位直接支付给受委托单位。

项目建设单位进行安全生产检查、评审和考核时,应把安全生产费用的投入和管理作为一项必查内容,检查安全生产费用投入计划、安全生产费用投入额度、安全用品台账和施工现场安全设施投入情况,不符合规定的应立即纠正。

项目建设单位及监理单位应当监督各施工单位安全费用投入使用情况,定期组织开展安全费用投入使用合规性检查,及时要求整改不合规事项。

2.6 教育与培训

2.6.1 培训管理

(1)各施工单位应当根据现行法律法规、行业规范等,针对高速公路建设劳动密集,劳动作业层流动、分散以及“三违”现象、事故多发等的特点,建立安全教育培训制度,完善安全教育培训条件,按要求对从业人员进行安全教育培训。

(2)各施工单位安全教育和培训制度应包括各单位项目主要负责人及安全管理人员的安全生产资格培训、从业人员的“三级”教育和培训、特种作业人员的安全培训、转岗、变换工种和“四新”安全培训、复工安全教育和培训、全员和经常性安全教育和培训,并对各类培训的对象、内容、学时和档案管理作出规定。

(3)安全教育和培训计划应明确培训目的、时间、人员、内容、学时、形式等。

(4)各施工单位应建立健全从业人员安全生产教育和培训档案,如实记录安全生产教育和培训的时间、内容、参加人员以及考核结果等情况。

(5)项目建设单位应督促监理、各施工单位建立安全教育培训制度,制定年度安全教育培训计划,并纳入安全生产检查内容。

2.6.2 资格教育培训

(1)主要负责人和安全生产管理人员经交通运输主管部门对其进行教育培训后,安全生产知识和管理能力考核合格,持证上岗并与对应岗位人员身份相符。

(2)特种作业人员必须按照国家有关规定接受专门的安全教育培训,经考核合格取得相应资格证书后,方可上岗作业。特种作业人员的范围和培训考核管理,参照《特种作业人员安全技术培训考核管理规定》执行。

2.6.3 远程教育培训系统

远程教育系统是实现个性化、因材施教的高效教学方式,是对传统教学模式的一次革命。它突破了传统"面授"教学的局限,为求知者提供了时间分散、自由安排学习、资源共享、地域广阔、交互式的学习创新方式。

远程教育系统是一个整体的网络化学习解决方案。一般包括:在线学习及管理系统、课件制作系统、虚拟教室系统、录播室、配套的网络设备及服务器等,可以完成在线学习课程、学习管理、资源管理、课件制作、在线培训实时课堂、录课等功能。具有学生与教师分离、采用特定的传输系统和传播媒体进行教学、信息的传输方式多种多样、学习的场所和形式灵活多变的特点。这些特点使之与面授教育相比,可以突破时空的限制、提供更多的学习机会、扩大教学规模、提高教学质量、降低教学的成本。

2.6.4 多媒体工具箱培训

云茂公司根据国内施工企业现场需要、各级主管单位对现场安全教育的要求、现场施工人员的实际情况,在调查分析教育培训方式与参训人员接收程度的基础上,保留传统说教式安全教育培训模式,推行使用便携式多媒体安全教育培训工具箱(图 2-3)。

多媒体工具箱可针对培训对象提前选择教育内容,设置考试题目,将教育培训、考试合为一体。采用动画讲解的方式配合遥控器答题、自动阅卷等人性化设计,并完善相应的培训考核资料,岗前教育培训比例达 100%。通过多媒体教育培训箱岗前教育,加上项目部不定期进行各种现场安全教育培训，作业人员素质不断提高。

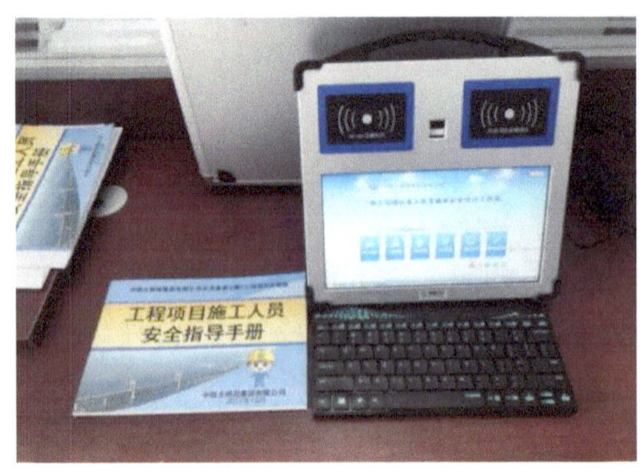

图 2-3　多媒体工具箱培训

多媒体工具箱读取身份证信息并录入职称、毕业院校、学历、岗位、证书编号、进场时间、联系方式、持证情况、岗位职责、工作经历和业绩等详细信息，然后生成实名制二维码，并将二维码粘贴在工作牌或安全帽上，需要时，可随时利用手机扫描查看信息，便于人员的安全管理，随时随地掌握好个人信息，节约了大量的人力物力，使得全线安全管理工作更上一个台阶(图 2-4、图 2-5)。

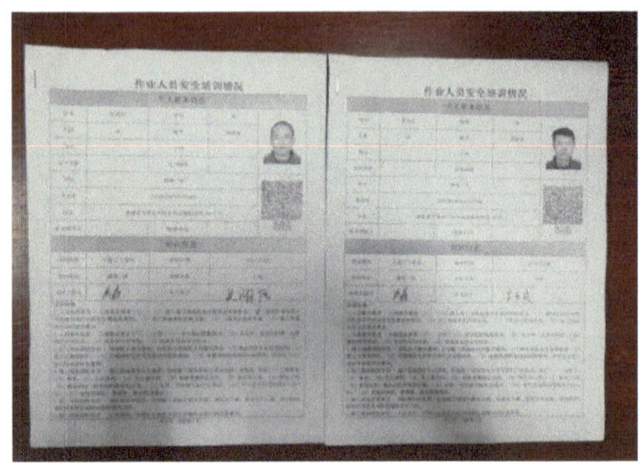

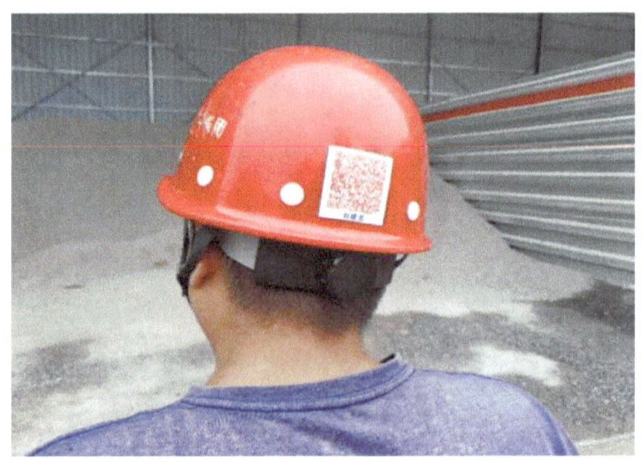

图 2-4　人员二维码实名制管理

图 2-5　班前班后安全讲评及宣传

2.6.5 体验式安全培训(VR + 体验馆)

应转变传统观念,改变传统教育培训方式,推动安全教育培训向信息化、可视化、集成化等方向发展,将说教灌输型教育培训模式向体验型、实作型模式转变。在安全培训教育工作中推广新设备、新技术,云茂项目建立基于3D虚拟技术的"VR 安全体验馆",将施工现场常发事故融汇于虚拟技术,在 VR 世界中建设了一个"真实的"施工现场。全线共建设了 3 处安全体验馆,1 处 VR 安全体验馆。

1)安全体验馆

安全体验馆是实地体验项目,通过模拟现场施工环境,对容易出现安全问题的地方进行现实演示,体验人员通过自身参与性,了解安全问题的重要性(图 2-6)。让安全防护培训更有针对性,不再进行"纸上谈兵"的安全教育,告别说教,让施工人员亲身体验。

图 2-6 安全体验馆

比较成熟的体验项目主要包括:平衡木、安全帽冲撞体验、安全带体验、洞口坠落体验、综合用电体验、搬重物体验、灭火器体验、爬梯体验、滑移平台体验、应急急救培训体验及劳保用品展示体验等多个体验项目,覆盖了施工现场常见的大部分安全隐患,模拟现场施工场景。在"游乐场"的环境中,建筑施工现场的各种禁忌和安全隐患也潜移默化的进入体验者的意识。

体验馆教育培训将施工安全教育与体验相结合,对施工人员进行安全教育时,通过亲身体验各种安全防护用品的使用及出现危险瞬间的感受,增强施工人员在施工现场时的切身感受,让安全理念深入人心,有效加强施工人员的安全意识。

2)VR 教育培训

VR 行业应用主要针对安全教育、应对能力和广而告之等方面。在日常生活中无法进行实况演练,可以通过 VR 技术构建出虚拟系统,还原真实场景,让使用者设身处地学习应对方式,从而在意识和自救能力方面得到提升。在装备的使用上,VR 技术可以让人在虚拟场景中熟悉装备原理、功能和操作流程,从虚拟操作中获得真实安全操作技能。

工地 VR 体验馆的设备分为硬件部分和软件部分。硬件包括:主机、高清显示屏,HTC 头盔、手柄等 VR 感应设备。软件即通过技术开发出来的电脑端和手机端的 VR 软件。工人戴上头盔,手持 VR 手柄,通过 VR 设备可以看到自己漫游在工地施工场景中。VR 工地体验馆可以把建筑工地的实景转换到虚拟场景中,工人戴上 VR 眼镜后,整个工程形象真实地展示在眼前,似乎触手可及,能在虚拟环境中体验各种安全事故,如在材料堆里吸烟会触发火灾、高空作业操作不规范会坠落等险情。可以通过虚拟场景模拟,提高工人安全意识,避免施工时的事故。

项目建设单位应鼓励各施工单位建立安全体验馆和制作工序模型,开展 VR 场景模拟、安全体验及工序安全要点体验实作等新型安全教育培训。鼓励各施工单位依托互联网和移动互联网技术,开展网络安全教育培训。鼓励各施工单位委托社会专业安全教育培训机构开展安全教育培训。

2.7 安全技术管理

安全技术管理应坚持“管技术必须管安全”“以技术保安全”原则。项目建设单位应加强科技应用及创新,提升工程本质安全水平。

2.7.1 施工组织设计

施工组织设计是以施工项目为对象编制的,用以指导施工的技术、经济和管理的综合性文件。

《建设工程安全生产管理条例》规定:施工单位应当在施工组织设计中编制安全技术措施。

《建筑施工组织设计规范》(GB/T 50502—2009)施工组织设计中的安全措施包括:

(1)确定项目重要危险源,制定项目职业健康安全管理目标;

(2)建立有管理层次的项目安全管理组织机构并明确职责;

(3)根据项目特点,进行职业健康安全方面的资源配置;

(4)建立具有针对性的安全生产管理制度和安全教育和培训制度;

(5)针对项目重要危险源,制定相应的安全技术措施;对达到一定规模的危险性较大的分部(分项)工程和特殊工种的作业应制定专项安全技术措施的编制计划;

(6)根据季节、气候的变化,制定相应的季节性安全施工措施;

(7)建立现场安全检查制度,并对安全事故报告和应急处理做出相应规定。

施工组织设计应经施工企业技术负责人审核、签认,审批手续齐全。

《建设工程安全生产管理条例》规定:施工组织设计应经施工单位技术负责人、总监理工程师签字后实施。

施工单位技术负责人应当审查施工组织设计中的安全技术措施或者专项施工方案是否符合工程建设强制性标准。

2.7.2 专项施工方案

(1)项目经理部应按相关规定编制危险性较大的分部分项工程专项施工方案。方案中安全措施应操作性强,内容齐全。

危险性较大分部分项工程,是指公路水运工程在施工过程中存在的、可能导致作业人员群死群伤或造成重大不良社会影响的分部分项工程。按照安全风险管理要求,风险评估等级高(Ⅲ级及以上)的分部分项工程属于危险性较大工程。

危险性较大的分部分项工程安全专项施工方案,是指施工单位在编制施工组织(总)设计的基础上,针对危险性较大的分部分项工程单独编制的安全技术措施文件。

按照《公路工程施工安全技术规范》(JTG F90—2015)附录A,危险性较大的分部分项工程分为八大类33项,包括:①基坑开挖、支护、降水工程;②滑坡处理和填、挖方路基工程;③基础工程;④大型临时工程;⑤桥涵工程;⑥隧道工程;⑦起重吊装工程;⑧拆除、爆破工程。

专项施工方案的编制内容执行《公路工程施工安全技术规范》(JTG F90—2015)附录B规定,包括工程概况、编制依据、施工计划、施工工艺技术、施工安全保证措施、劳动力计划、计算书及相关图纸等七部分内容。

(2)施工方案应按规定进行审批和论证。项目经理部不得擅自修改、调整专项施工方案,如因设计、结构、外部环境等因素发生变化确需修改的,修改后应按规定重新审核、批准、论证。

专项施工方案应经施工单位技术、安全、质量等部门的专业技术人员审核,经审核合格后,由施工单位技术负责人签字。分包单位制定的专项施工方案应由总承包单位技术负责人审核签字。专项施工方案应经施工单位审核合格后报监理单位,由项目总监理工程师审核签字后实施。

超过一定规模的危险性较大的分部分项工程专项施工方案,应由施工单位组织召开专家论证会。专家成员应由5名及以上符合相关专业要求的专家组成。专家论证报告作为专项施工方案修改完善的指导意见,施工单位应根据论证报告修改完善专项施工方案,并经施工单位技术负责人、项目总监理工程师、建设单位项目负责人签字后,方可组织实施。

专项施工方案经论证后需做重大修改的,施工单位应按照论证报告修改,并重新组织专家进行论证。专项施工方案修改后应重新履行审核、批准、论证程序。

云茂公司全线监理审批专项施工方案共352份,其中跨路施工专项施工方案和交通疏导方案11份、高边坡施工方案18份、隧道施工专项方案21份、梁板安装专项施工方案7份、现浇梁支架搭设专项施工方案3份、爆破作业专项施工方案8份、盖梁施工专项施工方案1份、高墩专项施工方案10份以及其他各专项施工方案257份。全线共组织专项施工方案专家评审58次,云茂项目在安全管理中重点突出安全技术管理。在危险性较大工程施工安全管理方面,主要做好以下几点:

一是开好安全方案评审会。安全生产既重在对专项施工方案的执行和安全技术措施的落实,也重在有一个针对性强的完整可行方案。因此,在跨路施工、高边坡施工、隧道施工等风险高的施工方案中,云茂公司组织设计、监理、施工各方并邀请5名以上的技术、安全专家进行专项施工方案评审,确保方案符合有关标准规范,使安全施工条件满足现场实际情况,提高施工工效和安全性。人工挖孔桩、危险区域的临建工程在专项施工方案评审前还聘请有资质的第三方进行专项风险评估。

二是推行大型临时设施安全专项验收和关键工序安全验收制度。监督总监办在工序验收时同时进行安全验收,驻地监理、施工员及安全员要签署意见,危险性较大工序实行项目负责人在岗带班制度。

三是把好安全技术交底和方案落地关。要求分项工程开工前,施工单位必须组织全员安全技术交底,并书面签认。同时,要将相关安全措施按方案要求落实到位,施工过程中严格按方案实施,不得随意变动。

2.7.3 技术交底

(1)项目经理部应制定技术交底制度。

按照《公路水运工程安全生产监督管理办法》的规定,技术交底是指分项工程实施前,由施工单位负责项目管理的技术人员按规定对有关安全施工的技术要求、操作规程和注意事项等,向负责施工作业的班组、作业人员进行详细说明和培训,并通过书面文件方式由双方签字予以确认。

施工单位应当建立健全安全生产技术分级交底制度,明确分级交底的原则、内容、方法及确认手续。

(2)项目经理部逐级交底应记录清晰、签字齐全,内容应有针对性。

《公路工程施工安全技术规范》(JTG F90—2015)规定,公路工程施工前应逐级进行技术交底,主要包括安全技术要求、风险状况、应急处置措施等内容。

逐级交底应由施工单位项目经理部技术负责人负责实施,横向涵盖项目经理部内各职能部门,纵向延伸到施工班组全体作业人员,任何人未经技术交底不准作业。

(3)项目经理部应建立交底台账。

交底台账应明确分项工程、交底名称、交底时间、交底人、复核人、被交底人等信息。

2.8 风险管控

(1)开展风险的辨识与评价工作。

风险辨识是指调查识别公路水运工程施工中潜在的风险类型、发生地点、时间及原因,并进行筛选、分类。

风险评价是指对辨识的公路水运工程施工风险进行等级评定、风险排序与风险决策。

根据《企业安全生产标准化基本规范》(GB/T 33000—2016)规定,安全风险辨识范围应覆盖本项目的所有活动及区域,并考虑正常、异常和紧急三种状态及过去、现在和将来三种时态。安全风险辨识应采用适宜的方法和程序,且与现场实际相符。

施工项目应选择合适的安全风险评估方法,定期对所辨识出的存在安全风险的作业活动、设备设施、物料等进行评估。安全风险评估至少应从影响人、财产和环境三个方面的可能性和严重程度进行分析。

施工项目应根据风险辨识与评价的结果,建立风险清单及重大风险清单。

(2)根据评价结果制定分级风险管控措施。

风险管控是通过采取各种措施和方法,消灭或减少风险事件发生的各种可能性,或者减少风险事件发生时造成的损失。

风险控制措施包括风险消除、风险降低、风险转移和风险保留四种方式。

施工项目应根据安全风险评估结果及施工生产经营情况等,确定相应的安全风险等级,对其进行分级分类管理,实施安全风险差异化动态管理,单独或在施工组织设计中制定并落实相应的安全风险控制措施。

(3)对重大风险源应制定安全管理方案和应急预案,并应对作业人员进行书面告知。

重大风险是指重大危险源及风险评价结果中的高度风险(Ⅲ级及以上)。施工项目对重大风险应制定安全管理方案,内容至少包括:风险名称、存在的地点、环节、时段,风险管控措施、责任部门及责任人、投入资金、应急措施等。

危险性较大的分部分项工程应按规定单独编制专项施工方案。

施工项目应将评价出的重大风险及所采取的控制措施告知相关从业人员，使其熟悉工作岗位和作业环境中存在的安全风险，掌握落实应采取的控制措施。

(4)按规定开展桥隧施工和高边坡施工安全风险评估。

施工安全风险评估，是指对工程施工过程中的各项作业活动、作业环境、施工设备(机具)、危险物品、施工方案中的潜在风险而开展的风险源辨识、分析、估测、预控等系列工作。

公路水运桥梁、隧道、路堑高边坡工程应按《关于开展公路桥梁和隧道工程施工安全风险评估试行工作的通知》和《关于发布高速公路路堑高边坡工程施工安全风险评估指南(试行)的通知》要求的范围和方法开展施工安全风险评估，编制评估报告，达到Ⅳ级风险的还需要组织专家论证，依据评估结论实施风险控制。

施工安全风险评估应遵循动态管理的原则，当工程设计方案、施工方案、工程地质、水文地质、施工队伍等发生重大变化时，应重新进行风险评估。

根据交通运输部《关于开展公路桥梁和隧道工程施工安全风险评估施行工作的通知》要求，云茂项目对项目全线施工阶段的桥梁、隧道、高边坡进行全面的、全方位的安全风险评估，充分利用安全风险评估成果，有效控制高危风险，并完善施工组织设计、危险性较大工程专项施工方案及相应的专项应急预案。打造项目施工过程安全预警、预控、预案品牌，确保工程风险始终处于受控状态。

(5)按规定开展地质灾害评估。

地质灾害评估的基本目的是通过单项指标或综合指标定量化反映地质灾害的主要特点和破坏损失程度，为规划、部署和实施地质灾害防治工作提供依据。

施工项目应按照设计文件和现场调查识别并评估地质灾害，首先分析评价地质灾害活动的危险程度和地质灾害危险区受灾体的可能破坏程度，即地质灾害的危险性评价和灾害区的易损性评价，在此基础上进一步分析预测地质灾害的预期损失，即进行地质灾害的破坏损失评价。

2.9 隐患排查与治理

(1)事故隐患：指违反安全生产法律、法规、规章、标准、规程和安全生产管理制度等规定，或因其他因素在生产经营活动中存在的可能导致生产安全事故发生的人的不安全行为、物的不安全状态、场所的不安全因素和管理上的缺陷。

(2)一般事故隐患：指危害和整改难度较小，发现后能够在短时间整治排除的隐患。

(3)重大事故隐患:指危害和整改难度较大,应当全部或者局部停产停业,并经过一定时间整改治理方能排除和隐患,或者因外部因素影响致使生产经营单位自身难以排除的隐患。

2.9.1 对图隐患排查

根据云茂公司"平安工地"建设、"品质工程"创建活动的总体部署,结合现场情况,总结建设过程中常见安全问题,编制《云茂高速项目施工现场安全常见问题图册》,以规范各施工单位后续的安全管理工作;进一步提升安全管理人员发现问题的能力,在日常管理过程中有的放矢,施工作业人员也可以此为鉴,规范自身施工行为,从而进一步拔高整体安全管理水平。各施工单位可对照图册开展隐患排查工作。

1)制定制度与清单

施工单位是事故隐患与排查治理的责任主体,应逐级建立并落实从主要负责人到每个从业人员的隐患排查治理和监控责任制,应结合工程特点,建立健全事故隐患排查、建档、治理、验收、销号的工作制度,并设专人负责,同时接受项目建设单位、监理单位的监督。

施工单位在承建的公路水运工程项目开工前,依据工程实际,参照广东省重大事故隐患地方基础清单等,制定工程项目重大事故隐患基础清单(以下简称"工程项目基础清单"),工程项目基础清单附件中应包括危险性较大的工程及需组织专家论证、审查的工程一览表。工程项目基础清单经施工单位项目经理组织工程、安全、计划、机材等主要部门人员评审后报工程项目监理单位审查,施工单位根据审查意见修改完善后由项目经理发布,并报施工企业及工程项目监理单位、项目建设单位安全管理部门备案。

施工单位应加强工程项目基础清单的动态管理工作,每季度根据工程建设实际施工情况,对工程项目基础清单进行梳理。当工程建设条件、施工环境、施工作业内容等发生变化时,施工单位对工程项目基础清单及时调整,经审核并重新备案。

施工单位对工程项目基础清单要制定有效的预控措施。同时要将工程项目基础清单纳入岗前教育培训,并在相应作业区域公示。

2)排查分工

项目建设单位及施工单位安全生产管理职能部门为隐患排查治理的监督部门,统筹、协调本单位隐患排查治理工作;各职能部门为隐患排查、治理的实施部门,对排查出的事故隐患应当组织整改。

各施工单位每月报送本月事故隐患排查情况及上月事故隐患治理情况至监理单位,监理单位汇总统计后报送项目建设单位。项目建设单位施工单位安全生产管理职能部门应当对事故隐患的治理进行定期督办。

施工单位应对本单位事故隐患排查治理情况进行统计、分析,统计、分析表应由施工单位项目经理签字,并报监理单位汇总分析。

3)开展排查

各施工单位应当按照事故隐患判定标准和排查清单开展日常排查、定期排查和专项排查,对排查出的事故隐患,应当按照事故隐患的等级,建立事故隐患台账或信息档案,按照职责分工实施监控治理。项目建设单位及各施工单位可以通过购买服务的方式,委托安全生产技术管理服务机构开展隐患排查。

项目公司每月对监理单位及施工单位进行一次综合检查。开展以起重吊装、架桥机、脚手架、挂篮等施工作用环节及设备安全隐患为重点的排查治理,加强对隧道、深基坑、人工挖孔桩、桥梁桩柱、高边坡、高大模板支架等施工部位和工序的重点整治。主要做法有:

(1)量化检查法:以《云茂公司安全生产标准化管理手册》为依托,每次检查前将检查内容细化、量化,明确检查项目、检查内容、检查方法,保证了检查有目标、检查有程序、整改有方案。

(2)持续整改法:施工建设过程是一个动态过程,安全生产隐患整改也是,对于不能立时整改但又需要整改的安全隐患,云茂项目采用《安全生产隐患整改督查表》的形式,对存在的安全隐患实行监理督促、施工单位整改、业主复查的步骤。

(3)标准格式化:安全生产检查一律采用规定格式用表,内容清晰,有检查、有记录、有整改、有反馈、有复查。在以全面防控,体现隐患排查整改科学化的同时,云茂项目平均每个月开展一次综合检查,检查结合专项施工方案,发挥设计单位、监理单位及安全生产中介机构技术支撑作用,建立以安全生产专业人员和专家为主导的隐患排查整改评价制度;每季度召开现场会交流学习,通过集中组织全线单位召开现场推广会,对安全隐患排查和防治工作好的方面向优秀单位学习;通过四级隐患排查机制,在全线由班组、工区、安全管理部门、项目部经理等四级逐级报告、逐级排查、逐级监督、逐级签字的隐患排查。全线树立了定型爬梯、隧道视频监控、隧道门禁系统、高墩施工视频监控、移动视频监控、装配式盖梁操作平台、塔式起重机和施工电梯聘请第三方按季度监测等安全管理亮点。

安全生产检查与整改回复如图 2-7 所示。

广州诚信公路建设监理咨询有限公司
云茂高速公路土建监理第三合同段总监办 文件

关于云茂高速公路 TJ10~TJ11 第一季度
“平安工地”考核评价检查通报的
整改回复报告(外业)

图 2-7　安全生产检查与整改回复

2.9.2 隐患治理

1)一般事故隐患整改

应当立即整改,无法立即整改的,隐患排查单位应当以书面形式向整改责任单位提出整改意见和整改要求,整改责任单位必须落实隐患整改措施,做到责任、措施、资金、时限、预案“五到位”。

隐患整改完毕后,整改责任单位应当在规定时间内将整改情况报送隐患排查组织单位,由组织单位或其委托的单位对整改结果进行验收。

2)重大事故隐患整改

重大事故隐患的治理实施挂牌督办。整改责任单位应当制定重大事故隐患治理专项方案,并将治理专项方案报送挂牌督办单位备案。治理专项方案内容应当包括:

(1)治理的目标和任务;

(2)采取的方法和措施;

(3)经费和物资的落实;

(4)负责治理的机构和人员;

(5)治理的时限及要求;

(6)安全措施和应急预案;

(7)跟踪督办及验收部门和人员。

项目建设单位(挂牌督办单位)应当跟踪被督办重大事故隐患的整改情况,指导、督促整改责任单位按要求完成整改工作。

重大事故隐患整改完成后,整改责任单位应当成立整改验收组进行专项验收。整改验收组成员应当包括本单位主要负责人、安全生产管理职能部门负责人、相关职能部门负责人和 2 名以上相关专业领域具有一定从业经历的专业技术人员。整改验收应当根据隐患暴露出的问题,全面评估,出具整改验收结论,并由组长签字确认。

被督办重大事故隐患完成整改验收后,整改责任单位应当及时将整改报告上报项目建设单位(挂牌督办单位)审核。项目建设单位(挂牌督办单位)应当对被督办重大事故隐患的整改情况进行核查,并根据核查情况下发予以核销或不予核销通知;对于不予核销的,应当说明理由,并要求继续整改。

项目建设单位及各施工单位应当建立重大事故隐患专项档案,由专人整理、归档,并规范管理。

存在重大事故隐患的施工单位,应当按照事故隐患所在地政府和行业主管部门的要求,做好隐患整改、监控、信息报送等工作。

3)其他要求

施工单位在事故隐患治理过程中,在隐患整改前或整改过程中无法保证安全的,应当采取应急防范措施,防止事故发生。对随时可能导致人员伤亡事故发生的重大事故隐患,隐患排查组织单位可以责成整改责任单位立即停止生产,并对相关责任人进行问责。

2.10 职业健康管理

1)职业健康

职业健康又叫劳动卫生、职业卫生。是对工作场所内产生或存在的职业性有害因素及其健康损害进行识别、评价、预测和控制的一门科学,其目的是预防和保护员工免受职业性有害因素所致的健康影响和危险,使工作适应员工,促进和保障员工在职业活动中的身心健康和社会福利。

2)职业病

项目建设单位及各施工单位员工在职业活动中,因接触粉尘、放射性物质和其他有毒、有害因素而引起的疾病。

3)职业危害

对从事职业活动的员工可能导致职业病的各种危害。职业病危害因素包括职业活动中存在的各种有害的化学、物理、生物因素以及在作业过程中产生的其他职业有害因素。

4)职业病危害因素

职业病危害因素是指工作场所中存在《职业病危害因素分类目录》中所列危害因素以及国家职业卫生标准中有职业接触限值及检测方法的危害因素。其他可能引起员工健康损害的职业病危害因素应根据国家、行业要求列为检测对象。

5)职业健康监护

以预防为目的,根据员工的职业接触史,通过定期或不定期的医院健康检查和健康相关资料的收集,连续地监测员工的健康状况,分析员工健康变化与所接触的职业性有害因素的关系,并及时将健康检查和分析结果报告给用人单位和员工本人,以适时采取干预措施,保护员工健康的活动。

2.10.1 健康体检

用人单位应根据本单位存在的职业病危害因素的类别、接触水平等情况,委托具有职业健康检查资格的医疗卫生机构，对接触职业病危害因素岗位的员工组织上岗前、在岗期间、离岗时和应急的职业健康检查，并及时将职业健康检查结果及其建议，以书面形式如实告知员工本人(图2-8)。

图2-8　组织工人进行体检

用人单位人力资源部门应会同安全管理部门，制定在岗期间员工职业健康检查计划并组织实施。职业健康检查的周期应根据不同职业病危害因素的性质、工作场所有害因素的浓度或强度、目标疾病的潜伏期和防护措施等因素，按照现行《职业健康监护技术规范》(GBZ 188)执行。

在工作期间，因工作原因造成职业病的，按照国家规定及时安排进行治疗、康复和定期检查。对不适宜继续从事原工作的职业病患者，应当调离原岗位给予妥善处理。

2.10.2　职业病防治

职业病防治工作坚持预防为主、防治结合的方针，建立用人单位负责、行政机关监管、行业自律、职工参与和社会监督的机制，实行分类管理、综合治理。用人单位应当建立、健全职业病防治责任制，加强对职业病防治的管理，提高职业病防治水平，对本单位产生的职业病危害承担责任。用人单位必须依法为员工缴纳工伤保险费。

1)前期预防

用人单位应当依照法律、法规要求，严格遵守国家职业卫生标准，落实职业病预防措施，从源头上控制和消除职业病危害。产生职业病危害的用人单位的设立除应当符合法律、行政法规规定的设立条件外，其工作场所还应当符合下列职业卫生要求：

(1)职业病危害因素的强度或者浓度符合国家职业卫生标准;

(2)有与职业病危害防护相适应的设施;

(3)生产布局合理,符合有害与无害作业分开的原则;

(4)有配套的更衣间、洗浴间、孕妇休息间等卫生设施;

(5)设备、工具、用具等设施符合保护劳动者生理、心理健康的要求;

(6)法律、行政法规和国务院卫生行政部门关于保护劳动者健康的其他要求。

新建、扩建、改建建设项目和技术改造、技术引进项目(以下统称"建设项目")可能产生职业病危害的,建设单位在可行性论证阶段应当进行职业病危害预评价。职业病危害预评价报告应当对建设项目可能产生的职业病危害因素及其对工作场所和劳动者健康的影响作出评价,确定危害类别和职业病防护措施。

建设项目的职业病防护设施所需费用应当纳入建设项目工程预算,并与主体工程同时设计,同时施工,同时投入生产和使用。

建设项目的职业病防护设施设计应当符合国家职业卫生标准和卫生要求;其中,医疗机构放射性职业病危害严重的建设项目的防护设施设计,应当经卫生行政部门审查同意后,方可施工。

建设项目在竣工验收前,建设单位应当进行职业病危害控制效果评价。

2)劳动过程中的防护与管理

用人单位应当采取下列职业病防治管理措施:

(1)设置或者指定职业卫生管理机构或者组织,配备专职或者兼职的职业卫生管理人员,负责本单位的职业病防治工作;

(2)制定职业病防治计划和实施方案;

(3)建立、健全职业卫生管理制度和操作规程;

(4)建立、健全职业卫生档案和劳动者健康监护档案;

(5)建立、健全工作场所职业病危害因素监测及评价制度;

(6)建立、健全职业病危害事故应急救援预案。

用人单位应当保障职业病防治所需的资金投入,不得挤占、挪用,并对因资金投入不足导致的后果承担责任。用人单位必须采用有效的职业病防护设施,并为劳动者提供个人使用的职业病防护用品。用人单位为劳动者个人提供的职业病防护用品必须符合防治职业病的要求;不符合要求的,不得使用。

用人单位应当优先采用有利于防治职业病和保护劳动者健康的新技术、新工艺、新设备、新材料,逐步替代职业病危害严重的技术、工艺、设备、材料。

产生职业病危害的用人单位,应当在醒目位置设置公告栏,公布有关职业病防治的规章制度、操作规程、职业病危害事故应急救援措施和工作场所职业病危害因素检测结果。对产生严重职业病危害的作业岗位，应当在其醒目位置，设置警示标识和中文警示说明。警示说明应当载明产生职业病危害的种类、后果、预防以及应急救治措施等内容。

对可能发生急性职业损伤的有毒、有害工作场所，用人单位应当设置报警装置，配置现场急救用品、冲洗设备、应急撤离通道和必要的泄险区。

对职业病防护设备、应急救援设施和个人使用的职业病防护用品，用人单位应当进行经常性的维护、检修，定期检测其性能和效果，确保其处于正常状态，不得擅自拆除或者停止使用。

用人单位应当实施由专人负责的职业病危害因素日常监测，并确保监测系统处于正常运行状态（图2-9、图2-10）。发现工作场所职业病危害因素不符合国家职业卫生标准和卫生要求时，用人单位应当立即采取相应治理措施，仍然达不到国家职业卫生标准和卫生要求的，必须停止存在职业病危害因素的作业；职业病危害因素经治理后，符合国家职业卫生标准和卫生要求的，方可重新作业。

图2-9 钢筋加工场噪声检测

图2-10 隧道粉尘检测

3）用人单位应当为劳动者建立职业健康监护档案，并按照规定的期限妥善保存

职业健康监护档案应当包括劳动者的职业史、职业病危害接触史、职业健康检查结果和职业病诊疗等有关个人健康资料。劳动者离开用人单位时，有权索取本人职业健康监护档案复印件，用人单位应当如实、无偿提供，并在所提供的复印件上签章。

4）职业卫生培训教育

用人单位的主要负责人和职业卫生管理人员应当接受职业卫生培训，遵守职业病防治法律、法规，依法组织本单位的职业病防治工作。用人单位应当对劳动者进行上岗前的职业卫生培训和在岗期间的定期职业卫生培训，普及职业卫生知识，督促劳动者遵守职业病防治法律、法规、规章和操作规程，指导劳动者正确使用职业病防护设备和个人使用的职业病防护用品。劳动者应当学习和掌握相关的职业卫生知识，增强职业病防范意识，遵守职业病防治法律、法规、规章和操作规程,正确使用、维护职业病防护设备和个人使用的职业病防护用品,发现职业病危害事故隐患应当及时报告。劳动者不履行前款规定义务的,用人单位应当对其进行教育。

2.10.3 传染病防控

施工工地环境特殊,设施简陋,人群聚集,务工人员卫生安全意识差,较易发生传染病,存在着较多的对务工人员的身体健康和生命安全构成严重威胁公共卫生问题。为进一步贯彻落实《中华人民共和国传染病防治法》,防止传染病流行等公共卫生事件的发生,保障务工人员的卫生安全,就控制传染病工作,应该做到:

(1)各施工单位负责人要高度重视施工工地的疾病预防控制工作。施工工地要建立工地传染病防治工作领导负责制,层层落实责任制,将此项工作作为安全生产的重要内容,逐级落实到人,并实行责任追究制。

(2)定期检查或不定期抽查传染病防治工作,对情况及时通报;对存在的问题依照有关规定认真整改。

(3)各施工单位要高度重视施工传染病防治工作,认真做好食品卫生安全和结核病、新冠肺炎等传染病的防治工作,严防传染病蔓延。

(4)施工工地在雇用流动人员(农民工)时,要查验“结核病预防性体检证明”,如无此证明,要定期组织所雇用的流动人员(农民工)到辖区疾病预防控制中心进行结核病预防性体检。

(5)各施工单位必须健全并规范传染病报告制度。一旦发生传染病流行事件,应严格执行突发公共卫生事件报告制度,必须在两小时内报告当地交通行政主管部门和辖区疾控、监督机构,任何单位和个人不得以任何借口瞒报、迟报或漏报,在发生传染病流行事件后不及时报告或隐瞒不报的,要依法追究责任。

(6)在传染性非典型肺炎、新冠肺炎、人禽流感及其他恶性传染病流行期间,要按照卫生部门的要求建立严格的人员晨检制度,设专人每日测量体温、询问健康状况,认真做好记录,以及时发现传染病患者并采取积极的隔离防范措施,切断传染病在施工工地的传播途径,把不安全因素消灭在萌芽状态。

(7)充分加强卫生知识的宣传,对施工工地管理人员和从业人员进行卫生法律法规、传染病常识、包括高致病性禽流感、结核病和新冠肺炎防治知识、食品卫生、操作加工要求等知识培训,通过宣传使施工人员掌握基本的预防传染病安全知识,提高员工卫生意识和自我防范能力,确保施工工地传染病防治工作的落实,保障现场人员的身体健康。

2.11 安全文化建设

所称“安全文化”，是指被企业组织的员工群体所共享的安全价值观、态度、道德和行为规范组成的统一体。

项目建设单位和各施工单位按照现行《企业安全文化建设导则》(AQ/T 9004)要求，从思想上、心态上去宣传、教育、引导，不断向员工灌输“以人为本，安全第一”等安全价值观，形成人人重视安全，人人为安全尽责的良好氛围。从制度上明确项目安全文化宣传的频率、内容和方式，从而促使各单位自觉主动开展安全文化创建活动。

(1)公开安全生产举报电话号码、通信地址或者电子邮件信箱。对接到的安全生产举报和投诉及时予以调查和处理，并公开处理结果。

加强对安全生产违法违规行为监督管理，对于减少和杜绝安全生产“三违”行为有着十分重要意义。各单位要充分发挥广大职工的参与作用，依法维护和落实职工对安全生产的参与权与监督权，鼓励职工监督举报各类安全隐患，对处理结果要及时公开，起到警示警醒的作用。

(2)建立包括安全价值观、安全愿景、安全使命和安全目标等在内的安全承诺。

“安全承诺”是指由各单位公开做出的、代表了全体员工在关注安全和追求安全绩效方面所具有的稳定意愿及实践行动的明确表示。安全承诺就是兑现落实安全生产责任，并通过公开承诺这种形式约束和规范自身的行为，接受政府、社会和从业人员的监督。

(3)各单位应对安全生产进行检查、评比、考评，总结和交流经验，推广安全生产先进管理方法，对在安全工作中做出显著成绩的集体、个人给予表彰、奖励，并与其经济利益挂钩。

对安全生产进行多种形式的检查，有利于发现和整改安全隐患，通过评比、考评，有利于优秀集体或个人脱颖而出。通过对优秀集体或个人的好的安全管理经验进行总结，一方面使优秀者将其好的做法和经验进行提升、固化，另一方面更有利于其他集体或个人进行学习，促进其安全绩效的不断改进和项目整体安全管理水平的不断提升。

至少每年对在安全工作中做出显著成绩的集体、个人给予一次表彰和奖励，并与其经济利益挂钩。一方面，对优秀集体和个人的安全管理和安全行为的充分肯定和鼓励，有利于其继续保持良好的作风和传统；另一方面，有利于充分发挥优秀集体和个人的榜样和典范作用。

2.11.1 安全宣传

(1)项目建设单位设立安全文化走廊、安全角、黑板报、宣传栏等丰富的员工安全文化阵地,每季度至少更新一次内容。

(2)跟进时代发展,利用公众号、自媒体等方式开展安全宣传。

(3)组织开展安全生产月活动、安全生产班组竞赛活动,有方案、有总结。

每年6月,国务院各部委都要组织开展安全生产月活动,安全生产月活动及有关安全生产竞赛活动已成为安全生产管理过程中的一项重要活动。通过活动营造安全生产氛围,进一步强化项目安全管理,增强从业人员的安全意识,促进项目安全生产的持续稳定。

项目经理部按国家、有关上级部门和行业主管部门要求,结合本项目实际,制定本项目的活动方案,明确指导思想、活动主题、领导组织机构、具体内容和总结上报等活动要求。

(4)结合项目实际编制员工安全知识手册,并发放到职工。

编制员工安全知识手册是宣传安全文化的一个重要载体,也是项目规范员工安全行为的一项重要措施。按照有关规定编制安全知识手册,并发放到每位员工,目的在于让所有从业人员时刻保持安全警钟长鸣,让安全意识常增,让项目建设常安。

2.11.2 安全警示告知

(1)施工现场明显位置应设置“五牌一图”。

“五牌一图”是指在施工现场进口处设置的工程概况牌、管理人员名单及监督电话牌、消防保卫牌、安全生产牌、文明施工牌、施工现场总平面图。

施工现场根据安全文明施工和形象展示需要,在驻地、加工场、拌和站、预制场等场所的明显位置设置“五牌一图”。

(2)交通要道、重要作业场所,危险区域应设置安全警示标识、标牌。

安全警示标志分为禁止标志、警告标志、指令标志和提示标志四大类型。现场应根据现行《安全标志及其使用导则》(GB 2894)的规定,按照危险源的类型、设置范围和地点等要求正确设置标识、标牌。

同时,应在现场醒目位置、重大危险源、存在严重职业病危害的场所、有重大事故隐患和较大危险的场所设置安全生产风险公告牌。

现场的交通要道、重要作业场所、危险区域包括:

①施工便道、交通道路出入口、陡坡、急弯等危险路段;

②加工场、拌和站、预制场；

③易燃、易爆、危险品仓库；

④隧道或辅助坑道入口；

⑤墩、柱、塔等结构物翻模、爬模、滑模施工、支架及悬臂浇筑现浇梁等施工区域；

⑥爆破、预应力、起重吊装、高边坡、深基坑施工区域；

⑦高处、临边、孔洞口、临水施工区域；

⑧支架、脚手架、便桥等临时设施；

⑨高压线、临时用电等电力电气设施；

⑩其他存在重大危险源的区域。

交通要道、重要作业场所、危险区域设置的安全警示标识、标牌须及时进行维护和更新。

(3)现场机械设备须按相关规定设置统一标识铭牌，张贴安全操作规程。

铭牌是指装在机械、设备或仪器上面的金属标牌，包括购入时已有的铭牌和企业自行安装的铭牌。购入时已有的铭牌一般标有设备名称、型号、性能、规格、出厂日期、出厂编号及制造者等信息。企业自行安装的铭牌根据管理需要设置。

拌和站、钢筋场、预制场及其他施工现场应将施工机械、工程车辆、起重设备、压力容器等机械设备进行编号管理，设置统一标识铭牌，内容应包括机械设备名称、编号、规格型号、安全参数(如最大载重量、最大起升高度、额定电压、额定工作压力、额定运行速度等)、操作人员、设备管理及检修责任人、进场日期、状态等。

机械设备须有安全操作规程，张贴在操作者的醒目位置。机械设备标识铭牌及安全操作规程牌要定期维护和更新。

2.11.3 安全图册

云茂公司结合项目实际编制《安全标准化防护措施通用指引图册》和《现场安全隐患图册》，规范了项目施工安全管理行为，为现场作业提供了操作标准。

1)安全标准化防护措施通用指引图册

安全防护在各级安全标准化中都有相应的要求，但不够细致，工程实际中，防护形式千奇百怪，往往是只要有就行，缺乏统一。为便于标准化防护的落实，提升项目整体形象，云茂公司在现行施工安全相关标准规范和《广东省高速公路工程施工安全标准化指南》的基础上，总结国内高速公路施工安全防护设施先进经验，组织编制了《安全标准化防护措施通用指引图册》。该图册尽可能将施工过程中使用到的防护设施图纸化，在安全防护规格、材料、尺寸、颜色等方面进行统一，并绘制详细的CAD图，以现场安全防护标准化为着力点，推动施工安全标准化各项工作,确保施工安全(图 2-11、图 2-12)。

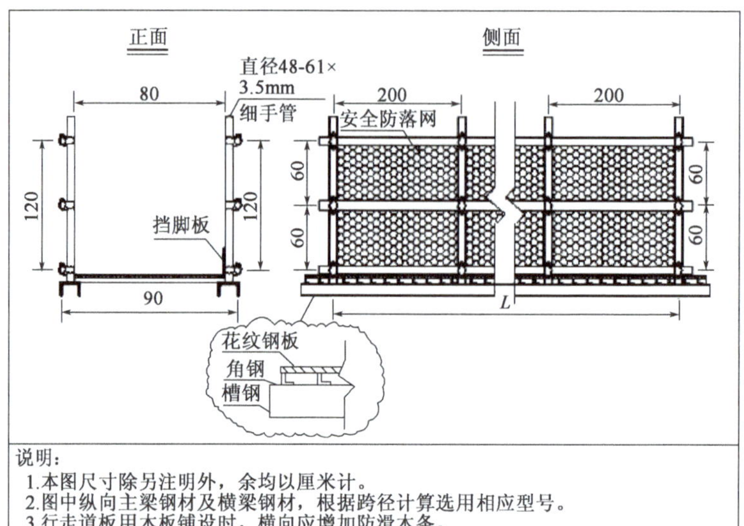

图 2-11　临边防护栏

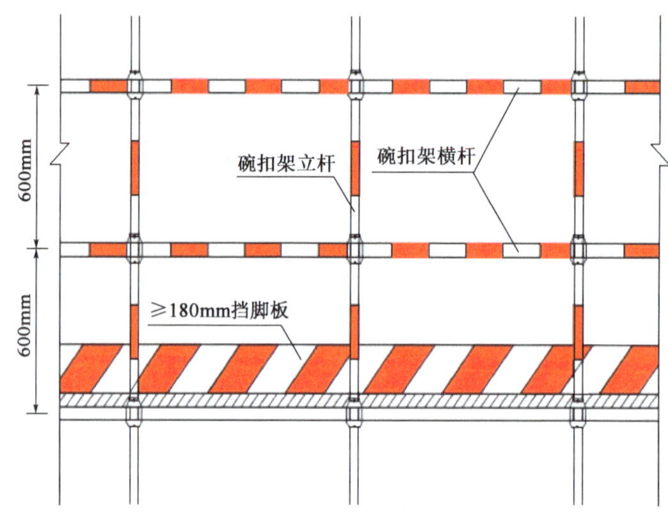

图 2-12　临边防护栏

2)施工现场安全常见问题图册

根据项目“平安工地”建设、“品质工程”创建活动的总体部署,结合上级和公司各类安全检查现场资料,云茂项目汇总了建设过程中施工现场常见安全问题,辅助以说明,以警示各参建单位后续安全管理,提升安全管理人员发现问题的能力,在日常管理过程中有的放矢,施工作业人员也可以此为鉴,规范自身施工行为,从而进一步拔高整体安全管理水平(图 2-13)。

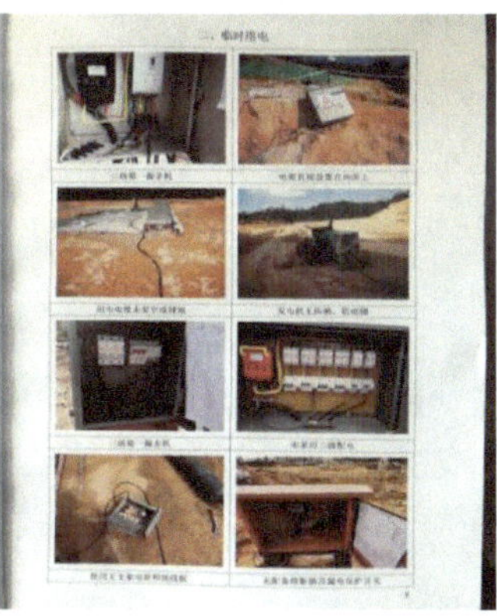

图 2-13　施工现场常见安全问题图册

2.11.4　安全标杆评选

发挥安全标杆示范引领作用。根据施工安全防护重点，云茂公司通过挑选评比安全标杆示范单位，全线树立了施工临时用电、定型爬梯、隧道视频监控、隧道门禁系统、高墩施工视频监控、移动视频监控、塔式起重机及施工电梯季度监测等安全标杆 29 项，发放奖金 145 万元。通过组织施工现场交流会，经验介绍，结合现场观摩学习，直观地展示先进管理模式，以点带面，激发施工单位互相学习、创先争优的劲头（图 2-14）。

图 2-14　装配式盖梁操作平台现场观摩学习

2.11.5　平安工地建设

云茂项目的安全生产以创建省级“平安工地”示范工程、实现零伤亡安全责任事故为目标，以推进安全标准化、信息化管理为总领，以开展“零事故班组”建设、“平安工地”考核为抓手,通过强教育、抓典型、树标杆,不断提升项目的安全生产管理水平,涌现出一批施工安全示范亮点,项目安全生产状况持续稳定。

一是在总结“平安工地”建设示范经验基础上,为“平安工地”达标标准提供基础数据。根据“平安工地”达标标准,对全线安全生产工作加强领导,狠抓落实,全面推进“平安工地”建设。

二是全面开展“平安工地”达标验收工作,验收不合格的施工标段,立即进行停工整改,力求云茂高速公路全线实现对标施工。

三是加大宣传力度,营造创建氛围,发挥好示范标段引领作用。

按照集团安全生产标准化管理系统要求,云茂公司在全线推行安全管理信息化工作,云茂项目建立安全管理微信群、QQ 群等沟通、信息发布平台,及时发布国家、省、市各级政府发布的台风、暴雨等自然灾害的预警信息,督促各参建单位根据云茂项目应急预案做好相应的防御工作。工作中发现的共性事故隐患以及工作要求及时在及时通信平台中发布,做到了信息沟通的及时、有效。同时建立了品质工程随手拍微信发布平台,全线在质量、安全管理方面的亮点照片及时发布到微信群中,并对此制定了奖励措施。

2.12 应急管理

工程项目安全生产应急管理应遵循“以人为本、居安思危、预防为主”的原则。项目经理部应制定综合应急预案、专项应急预案及现场处置方案,并以文件形式发布。

2.12.1 预案管理

应急预案是针对可能发生的事故,为迅速、有序地开展应急行动而预先制定的行动方案。施工项目应急预案分为综合应急预案、专项应急预案和现场处置方案,区别如下:

(1)综合应急预案是为应对各种生产安全事故而制定的综合性工作方案,是项目应对生产安全事故的总体工作程序、措施和应急预案体系的总纲。

(2)专项应急预案,是指施工项目为应对某一种或者多种类型生产安全事故,或者针对重要生产设施、重大危险源、重大活动防止生产安全事故而制定的专项性工作方案。

(3)现场处置方案,是指施工项目根据不同生产安全事故类型,针对具体场所、装置或者设施所制定的应急处置措施。

(4)应急处置卡,施工单位应在编制应急预案的基础上,结合作业场所、岗位特点,编制简明、实用、有效的应急处置卡。应急处置卡应当规定重点岗位、人员的应急处置程序和措施，以及相关联络人员和联系方式，便于施工作业人员携带。

施工项目应当依据有关法律、法规和《生产经营单位安全生产事故应急预案编制导则》，结合本项目的危险源状况、危险性分析和可能发生的事故特点，制定相应的应急预案，组织进行评审，并形成书面评审纪要。

应急预案应由项目负责人签署公布，发放到项目各部门、岗位和相关应急救援队伍。应急预案应于公布 20 个工作日内向属地安全生产监督管理部门和有关部门进行告知性备案，同时向上级单位报备。

2.12.2　应急培训和演练

定期开展应急预案的培训和演练，并及时进行评审和修订。

应急预案培训的主要对象应包括具有应急相关工作职责的人员和与风险活动或场所相关的人员。培训目的是使有关人员了解应急预案内容，熟悉应急职责、应急处置程序和措施，提高从业人员的安全意识与应急处置技能。培训内容包括：应急预案、应急知识、自救互救和避险逃生技能。

应急演练按照演练内容分为综合演练和单项演练，按照演练形式分为现场演练和桌面演练，不同类型的演练可相互组合（图 2-15、图 2-16）。

图 2-15　高坠及触电演练

图 2-16　防汛演练

施工项目应根据本项目的事故风险特点，每年至少组织一次综合应急预案演练或者专项应急预案演练，每半年至少组织一次现场处置方案演练。

应急预案演练结束后，应对演练效果进行评估，分析存在的问题，对演练的组织过程、应急反应能力、资源配备、后勤保障等方面进行分析，找出存在的问题，撰写应急预案演练评估报告，提出改进和加强应急管理工作的建议，并及时修订应急预案。

结合项目施工特点和施工安全风险评估结果，按国家新颁布的应急预案编制导则，组织专业人员编制了综合应急预案,并组织专家进行评审。在项目实施过程中,多次组织应急预案演练检验,先后组织人工挖孔桩,高处坠落及触电,防台防汛及高空坠落等大型综合应急演练,各施工单位每年组织两次应急演练。

2.12.3 应急队伍及物资配备

项目经理部应建立专(兼)职的应急队伍,配备相应的应急物资。

施工项目建立的专(兼)职应急救援队伍在事故发生时,能够在第一时间迅速、有效地投入救援与处置工作,防止事故进一步扩大,最大限度地减少人员伤亡和财产损失。

施工项目无法建立专(兼)职应急救援队伍的,应与邻近的专职应急救援队伍签订救援协议,确保事故状态下能够有专业救援队伍到场开展应急处置。

施工现场配备必要的应急救援装备、物资,是开展应急救援不可或缺的保障,既可以保障救援人员的人身安全,又可以保障救援工作的顺利进行。

应急救援装备、物资应在平时就予以储备,定期进行维护和保养,确保处于合格或正常状态,确保事故发生时可立即投入使用。

2.13 安全档案管理

(1)建立健全安全管理档案。档案管理应与工程进展同步,并建立相应的安全管理档案目录。

安全管理档案应包括:安全生产管理制度档案、风险管控档案、施工组织设计及安全专项施工方案档案、安全操作规程及技术交底档案、安全专项活动档案、安全检查档案、安全教育与安全培训档案、安全奖罚档案、安全生产会议档案、特种作业人员管理档案、特种设备与设施管理档案、应急救援预案与演练档案、安全投入档案、安全生产事故报告及处理档案、安全防护设施及安全防护用品档案等。

安全管理档案应严格管理,档案借阅、利用要进行登记,档案管理人员对档案的来龙去脉、运转流向应做到胸中有数。

(2)各类安全管理档案资料应完整、有效。对工程建设中形成的全部安全资料进行全面的检查、审核,发现问题,及时解决,补缺补漏,使安全资料做到真实、完备、及时(图2-17)。

云茂公司根据国家有关法律法规以及广东省交通运输厅发布的《广东省高速公路施工安全标准化指南》推行规范化管理、标准化施工,规范各参建单位安全管理行为,完善工程项目安全生产管理体系,系统化安全管理策划,专控工序质量安全同步验收、班组规范化管理等管理要求,积极推广人员实名制和一线施工人员培训的新方法,通过健全完善安全生产制度,明晰安全生产责任,夯实基础,强化基层管理,使安全内业资料做到写你所做,做你所写,写你已做的;专人专管,真实性,切合实际,可操作;闭合管理,可追溯。促进各单位真正把安全生产放在首要位置,真正落实"一岗双责",关口前移、超前预控、有效防范、持续改进,构建长效机制。

图2-17　安全档案管理

2.14 安全生产信息化管理

2.14.1　工人信息管理

因工人更换往往较为频繁,安全教育和安全交底的及时程度对工人安全施工有很大影响,为此建立了工人信息管理系统(图2-18),统一对工人的个人身份、学历、资历、培训教育、交底、过程监督和进退场时间等相关信息进行系统管理,确保人人受教育、事事有交底。

2.14.2　安全管理系统手机APP应用

云茂公司根据安全管理的需要,推行使用广东云茂高速公路安全管理系统手机APP应用。

云茂高速安全管理系统手机APP应用是满足项目建设过程日常安全检查需要,利用信息化手段,主要实现安全检查的闭环管理、可视化管理,并实现信息提醒功能、报表和台账生成功能,通过系统减少安全管理工作量(图2-19)。

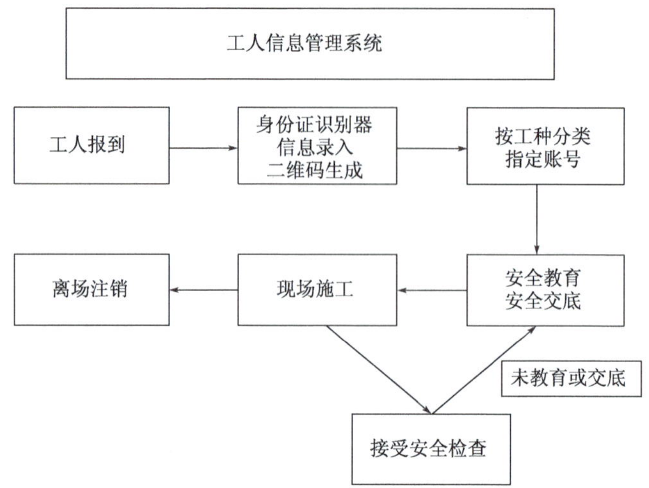

图 2-18 工人信息管理系统

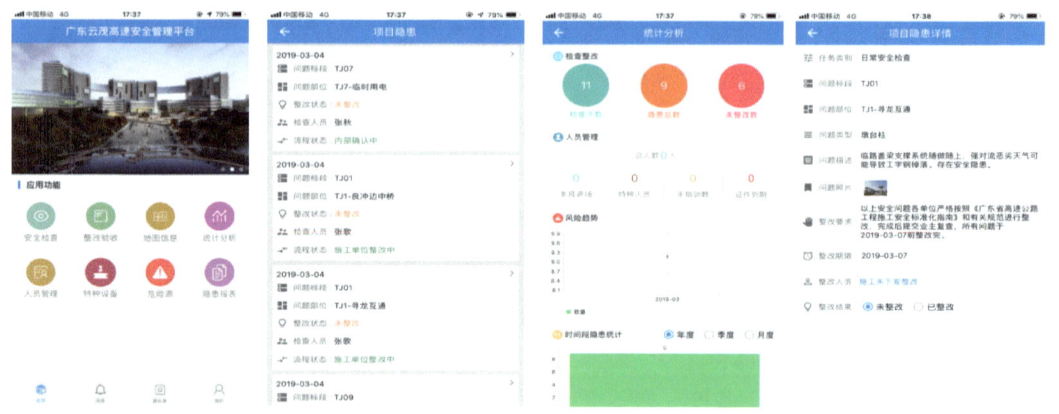

图 2-19 安全管理系统手机 APP 界面

(1)闭环管理:实现安全检查从隐患排查、记录、监控、治理、销账到报告的全过程动态管理和闭环管理。

(2)可视化:安全隐患可以在在线地图上显示,完成闭环后自动消失。

(3)信息提醒:可实时动态向手机推送消息提醒。

(4)移动化:服务端云化,同时支持手机和电脑端,全部业务功能都能在手机或电脑端中进行操作。

系统使用的用户对象有五个,超级管理员、业主单位、总监办、驻地监理、施工单位,系统根据各用户对象权限的不同,所分配的功能模块不同。

(1)超级管理员:设定项目、工程结构模板划分、工程分解定义等权限。

(2)业主单位:查看所有参建单位基础信息、人员设备信息等信息以及安全管理过程信息，对项目的建设过程进行安全检查、下发整改通知书、进行安全费用审批等业务权限。

(3)总监办：查看所有参建单位基础信息、人员设备信息等信息以及安全管理过程信息，对项目的建设过程进行安全检查、下发整改通知书、进行安全整改复核等业务权限。

(4)驻地监理：查看管辖范围内的所有项目的基础信息、人员管理信息、设备管理信息，对管辖范围的标段进行安全检查、下发整改通知书、进行安全整改复查。

(5)施工单位：查看本标段信息、对人员机械设备的进出场信息进行维护，进行安全费用的申报，平安工地的自查，日常安全的自查以及整改的反馈回复等。

广东云茂高速公路安全管理系统在实际应用中起到了至关重要的作用，可按照整改闭合、时间段、单位、问题类型、趋势对安全问题进行统计汇总。需要时，可随时利用手机 APP 和电脑端进行查看信息，便于现场安全管理，随时掌握现场存在的隐患和整改情况，节约了大量的人力物力，提高工作效率。

安全管理系统安全检查流程如图 2-20 所示。

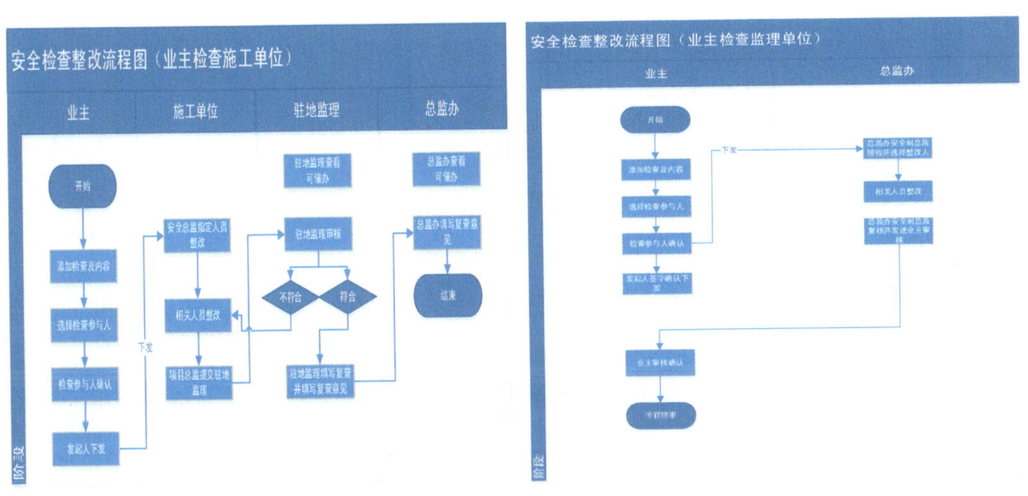

图 2-20 安全管理系统安全检查流程图

2.14.3 现场二维码推广应用

为方便项目现场管理和作业人员能随时查阅各种施工工艺、规范、标准等信息，以达到规范指导现场施工的目的，各施工单位应积极推广制作并使用二维码。二维码的主要功能如下：

(1)查阅技术信息：为方便项目现场管理和作业人员能随时查阅各种施工工艺、规范、标准等信息，以达到规范指导现场施工的目的，项目建设单位需推动各施工单位积极推广制作并使用二维码(图2-21)。

图2-21　二维码的现场应用

(2)人员实名制管理：通过多媒体工具箱可快速读取人员身份证照片、姓名、家庭住址，并可后台录入职称、毕业院校、学历、岗位、证书编号、进场时间、联系方式、持证情况、岗位职责、工作经历和业绩等详细信息，生成实名制二维码，并将二维码粘贴在工作牌或安全帽上。通过手机扫描二维码，可掌握项目人员信息，便于人员安全管理。

在实际中，二维码应用范围及推荐尺寸如下：

(1)在岗人员安全帽张贴二维码(尺寸2cm×2cm)，二维码展现了人员信息、安全教育培训、到岗记录等。

(2)进场机械设备张贴二维码(尺寸4cm×4cm)，二维码展现了设备信息、日常检查记录、设备检修记录、维护手册等。

(3)施工现场展示牌张贴二维码(尺寸10cm×10cm)，二维码展现了技术交底、图纸信息、安全防护图册等内容。

(4)已完成构造物张贴二维码(尺寸10cm×10cm)，二维码展现了图纸信息、施工日期、混凝土强度、施工及监理责任人等内容。

2.14.4　无人机航拍应用管理

为方便云茂项目现场管理，以便及时掌控施工现场的施工进度和安全检查等情况，云茂公司采用了无人机，要求各标段定期对全线进行航拍。安全检查过程中，人员到不了的地方，如高墩模板螺栓的检查，可采用无人机进行照片采集、实时传送和反馈检查情况，有效地加强了对施工现场的监管，提高了安全和管理水平(图2-22)。

图2-22　施工现场无人机巡检

CHAPTER 3 第3章

临时设施建设

3.1 驻地建设

(1)办公区、生活区、作业区应分开设置,选址应符合相关规定、布局合理,办公区和生活区应封闭管理(图3-1~图3-4)。

图3-1　项目驻地布局合理

图3-2　驻地选址合理

图3-3　驻地建设因地制宜

图3-4 驻地环境优美舒适

施工现场办公区、生活区与作业区具有不同的使用功能,存在的风险类型也各不相同,为避免互相产生影响,形成干扰,应合理分开设置,使有害作业与无害作业分开,工作场所与生活场所分开,工作场所不得住人。

《施工现场临时建筑物技术规程》(JGJ/T 188—2009)规定:临时建筑不应建造在易发生滑坡、坍塌、泥石流、山洪等危险地段和低洼积水区域,应避开水源保护区、水库泄洪区、濒险水库下游地段、强风口和危房影响范围,且应避免有害气体、强噪声等对临时建筑使用人员的影响。

驻地建设应因地制宜,满足安全、实用及环保的要求,以工作方便为原则,具备便利的交通条件和通电、通水、通信条件。施工现场驻地应选在地质良好的地段,避免设在可能发生塌方、泥石流、水淹等地质灾害区域及高压线下(与高压线水平距离不小于8.5m),避开取、弃土场,离集中爆破区500m以外。

驻地应采用封闭式管理,办公区、生活区及车辆、机具停放区等应科学合理分开布局,场地及主要道路应用混凝土硬化处理,排水系统完善,庭院适当绿化,环境优美整洁,并设置功能分区平面示意图及指路导向牌。

施工现场临时设施选址、临时道路的设置应科学合理,必要时进行选址的安全风险评估,并应符合安全、消防、节能、环保等有关规定。

(2)办公区、生活区不得存放易燃易爆等危险品。

《中华人民共和国消防法》规定:生产、储存、经营易燃易爆危险品的场所不得与居住场所设置在同一建筑物内,并应当与居住场所保持安全距离。

《危险化学品安全管理条例》规定:危险化学品应当储存在专用仓库、专用场地或者专用储存室内,并由专人负责管理。

危险化学品专用仓库应当符合国家标准、行业标准的要求,并设置明显的标志。储存剧毒化学品、易制爆危险化学品的专用仓库,应当按照国家有关规定设置相应的技术防范设施。

(3)职工的膳食、饮水、休息场所、医疗救助设施等应当符合安全卫生标准。

施工现场职工膳食、饮水、休息场所、医疗救助设施涉及食品安全、生活饮用水卫生、职业健康和应急救援,应符合《食品安全法实施条例》《生活饮用水卫生标准》、现行《建设工程施工现场环境与卫生标准》(JGJ 146)等对安全卫生的要求。

(4)装配式房屋应有合格证书,其安全性应符合相关规定。

《施工现场临时建筑物技术规程》(JGJ/T 188—2009)规定:临时建筑结构设计应满足抗震、防风要求,并应进行地基和基础承载力计算;临时建筑的结构安全等级不应低于三级;临时结构的抗震设防类别应为丁类。

原材料、构配件和设备进场时,应提供相应的产品合格证、材质证明和检测报告;对于活动房,还应提供建筑、结构图纸和安全施工说明书及使用说明书。

施工现场使用的装配式房屋应使用具有相应资质的厂家生产的产品,有合格证书,并满足承载、抗震、防风、防火等安全使用的要求(图 3-5)。

图 3-5　板房防风措施

3.2 拌和站

拌和站选址应符合安全、环保要求,区域划分应合理,标识明显;其安装、拆除应符合相关规定(图 3-6 ~ 图 3-9)。严禁设置在泥石流区、滑坡区、洪水位下等自然灾害、危险有害的环境或区域,尽量避开取、弃土场,应远离生活区、居民区、水源地等环境敏感区域,尽量设在环境敏感区域的下风向、下游区,施工污水、固体废弃物、废气、扬尘、噪声应达标排放,满足环保要求。建设前应做好规划,编制拌和站施工方案(明确排水设计、用电方案、场内车辆交通组织方案、储料罐及拌和站基础承载力与抗倾覆检算)。

图 3-6　拌和站布设

图 3-7　拌和站场地硬化整洁

图 3-8　拌和站储料仓

拌和站应采用封闭式管理,根据工程内容、数量、现场条件、可调配的资源等客观情况,满足施工生产需要,各功能区的划分除满足工艺及施工组织的要求,应重点考虑作业间相互干扰、危险源分布、对环境的影响等因素,科学、合理设置。合理划分拌和作业区、材料堆放区、运输车辆停放区、试验区等,生活区应与其他区分离。拌和站与办公区、生活区或周围其他建筑物的距离不得小于单个储料罐的高度且不小于 20m;拌和站场重点部位(如拌和区)

应设置视频监控系统，并确保通信联络畅通。

图 3-9 拌和站出料口安全警示告知

拌和站地面应硬化，周边排水系统应完善。拌和站建设应保证站、场内场地平整、排水畅通，沉淀池宜设在洗车池与排水系统的对接位置，减少场地积水对交通、结构物地基基础的影响，提供安全、整洁、文明的施工环境。场地硬化的类型和标准应满足施工设计、招标文件、地方标准化建设及临时设施建设方案等的要求，科学、合理、经济。

储料仓应由具备专业资质的设计单位进行设计，并按各地厂房抗风设计标准进行分级验算；储料仓和储料罐在广东内陆地区应抗 8 级风力，在沿海地区应抗 12 级风力；若需降低抗风等级，施工单位须进行论证。

防雨棚应稳固。雨棚宜采用轻钢结构，采用具有相应资质的生产厂家的合格产品，并根据当地气候条件，采取抵抗风、雪、雨、雷电等自然灾害的措施。防雨棚基础、立柱、桁架及顶棚安装应符合设计要求，同时应考虑极端不利条件影响，对结构局部在强度、刚度、稳定性方面进行加固。

站内功能区、危险点应按《安全标志及其使用导则》要求进行风险公告及警示标识。

施工现场搅拌设备检修、清理料仓时，应停机并切断电源，应设置明显标志并应有专人看守。搅拌设备在检修、清理料仓作业过程中易发生因安全确认不到位而进行的开机、通电等误操作，造成意外伤害。检修或清理前必须停机并切断设备电源，对故障机组号、作业内容、人员、时段等信息进行通告，在设备电闸、操作间等处设立明显标志，为确保作业安全，应安排专人看守。设备通电或开机前必须进行安全确认。

3.3 钢筋加工场

钢筋加工场选址应符合安全、环保要求，区域划分应合理，标识明显；其安装、拆除应符合相关规定。避开泥石流、滑坡、洪水位下等存在自然灾害、危险有害的环境或区域。远离生活区、居民区、水源地等环境敏感区域，尽量设在环境敏感区域的下风向、下游区，施工污水、固体废弃物、废气、扬尘、噪声应达标排放，满足环保要求。建设前应做好规划，编制钢筋加工场施工方案（明确用电方案），如图 3-10 ~ 图 3-13 所示。

图 3-10 钢筋加工场整体布设

图 3-11 钢筋加工场内部功能区布设

图 3-12 钢筋加工场内部场地整洁

钢筋加工场应采用封闭式管理，根据工程内容、数量、现场条件、可调配的资源等客观情况，满足施工生产需要，各功能区的划分除满足工艺及施工组织的要求，应重点考虑作业间相互干扰、危险源分布、对环境的影响等因素，科学、合理设置。合理划分材料堆放区、钢筋下料区、加工制作区、半成品区、成品区、运输及安全通道等功能区，并在生产过程中推行“定置”管理。

图 3-13 钢筋加工场安全警示告知

钢筋加工场地面应硬化，周边排水系统应完善。建设应保证场内场地平整、排水畅通，减少场地积水对交通、结构物地基基础的影响，提供安全、整洁、文明的施工环境。场地硬化的类型和标准应满足施工设计、招标文件、地方标准化建设及临时设施建设方案等的要求，科学、合理、经济。

钢筋加工场应由具备专业资质的设计单位进行设计，并按各地厂房抗风设计标准进行分级验算，在广东内陆地区应抗 8 级风力，在沿海地区应抗 12 级风力；若需降低抗风等级，施工单位须进行论证。

雨棚宜采用轻钢结构，采用具有相应资质的生产厂家的合格产品，并根据当地气候条件，采取抵抗风、雪、雨、雷电等自然灾害的措施。防雨棚基础、立柱、桁架及顶棚安装应符合设计要求，同时应考虑极端不利条件影响，对结构局部在强度、刚度、稳定性方面进行加固。

钢筋加工场内功能区、危险点应按《安全标志及其使用导则》要求进行风险公告及警示标识。

3.4 预制场

预制场选址应符合安全、环保要求，区域划分应合理，标识明显；其安装、拆除应符合相关规定。应选在水文地质状况良好的地段，避开塌方、泥石流、滑坡、落石、洪水位下、取弃土场、高压线路等存在自然灾害、危险有害的环境或区域，远离生活区、居民区、水源地等环境敏感区域，尽量设在环境敏感区域的下风向、下游区，施工污水、固体废弃物、废气、扬尘、噪声应达标排放，满足环保要求。建设前做好选址规划，编制预制场施工方案（明确给排水设计及用电方案），如图 3-14 ~ 图 3-16 所示。

图 3-14　预制场布设全景

图 3-15　小型构件预制场

图 3-16　张拉作业安全告知和防护

预制场应采用封闭式管理，应根据工程内容、数量、现场条件、可调配的资源等客观情况，满足施工生产需要，各功能区的划分除满足工艺及施工组织的要求，应重点考虑作业间相互干扰、危险源分布、对环境的影响等因素，科学、合理设置。钢筋绑扎区、制梁区、存梁区等功能区域应科学合理设置，生活区应与其他区分离，并保持一定的安全距离（防火和防倾覆距离）；生产过程中宜推行“定置”管理；制梁台座处应合理布设养护管线、用电管线；重点部位宜设置视频监控系统,并确保通信联络畅通。

预制场地面应硬化,周边排水系统应完善。场内建设应保证场地平整、排水畅通,减少场地积水对交通、结构物地基基础的影响,提供安全、整洁、文明的施工环境。场地硬化的类型和标准应满足施工设计、招标文件、地方标准化建设及临时设施建设方案等的要求,科学、合理、经济。

在条件严重受限时,可考虑将预制梁场设立在服务区、停车区或主线路基上。当预制梁场设立在主线路基上时,应当注意以下几点:

(1)为充分利用场地并保证运输方便,预制梁场宜选在梁板运输便利、桥梁相对集中的位置。

(2)为防止场地不均匀沉降,梁场应尽量设在路基挖方段,并提前做好边坡防护及排水设施(包括养护用水、三级沉淀池),避免水土流失影响附近农田。

(3)预制梁场建设应与工程进度和后期路面施工统筹考虑,尽可能减少对工程进度和后期路面施工的影响,并尽可能地使梁场基础等能够在后期路面中利用。

构件存放层数和间距应符合相关规定,并应采取有效的防倾覆措施。施工现场预制梁、板或混凝土构件堆放时,最多存放层数应符合设计文件和相关技术规范要求,设计或规范无规定时可通过对构件强度、台座地基承载力、支垫强度和叠放的稳定性进行验算。

《公路工程施工安全技术规范》(JTG F90—2015)规定,施工现场原材料、半成品、成品、预制构件等堆放应整齐、稳固、规范,标识清楚。模板堆放高度不宜超过 2m。预制场大型构件不宜超过 2 层,小型构件不宜超过 6 层。构件叠放时应采取支撑、卡具等有效的防倾覆措施,支撑结构自身应稳固,确保叠放的构件安全稳定。T 梁两侧应等间距、对称支撑,且不应少于 3 处。

张拉作业应有安全防护措施,设立警戒区。张拉作业前,预应力筋两端的正面应设置符合要求的防护挡板。在实施张拉或放张作业时,预应力筋两端的正面严禁站人和穿越,作业区域应按要求进行围挡,设置明显的安全警示标识,严禁非作业人员进入或穿越。

预制场内功能区、危险点应按《安全标志及其使用导则》要求进行风险公告及警示标识。

3.5 施工便道

施工便道应因地制宜,充分利用现场的地形和地物,尽量避开洼地、河流及不良地质地段,避免与既有铁路、交通复杂路段的公路平面交叉。便道傍山时,要注意边缘的危石处理,必要时应进行放坡处理;便道沿河时,应严格按防汛要求,做好下边坡的防护。便道实施完成后应采用材料运输车进行通行测试,以确保正常使用,如图 3-17 所示。

图3-17 施工便道警示及防护

便道的危险路段应设置安全标志。便道的危险路段设置安全标志的目的是对通行车辆和行人进行安全警示提醒。安全标志应设置在进入便道危险路段的醒目位置，标识内容应清晰、规范且昼夜醒目。

施工便道在急弯、陡坡、连续转弯等危险路段应进行硬化，设置警示标志，并根据需要设置防护设施，危险路段应结合现场情况合理设置限速标志。

施工便道与既有道路平面交叉处，应设置道口警示标志，有高度限制的应设置限高架。

3.6 施工便桥

通航水域搭设便桥前，应获得当地海事和航道管理部门批准，并取得《水上、水下施工作业许可证》。

便桥和临时码头宜选在河流两岸开阔、河床稳定、水流顺直、地质条件较好的河段，两岸引道应保持坚固、稳定，如图3-18、图3-19所示。

图3-18 施工便桥及平台

图 3-19　施工便桥安全标志

便桥、临时码头施工前应进行专项设计和受力验算，验收合格后方可使用。根据使用要求、现场地形、地貌、地质情况、河床变化、水文条件及通航要求等进行设计（确定荷载、高度等参数），并编制专项施工方案，建成后应验收。若设计无规定，便桥高度宜根据 15 年一遇的洪水频率确定。有通航要求的便桥设计还应取得地方或上级有关部门的许可，充分考虑船舶防碰撞的措施。

便桥应执行“设计—审批—制作—安装—验收—投入使用”的程序，便桥设计可委托有相应资质的单位进行专项设计。施工完成后应按照设计和技术规范要求组织相关人员进行验收，验收合格方可投入使用。便桥搭设完成后，应采用材料运输车进行通行测试，以确保正常使用。

便桥应设置变形监测点，定期观测墩台位移、沉降和梁跨变形等情况，超出安全预警范围时应当停止使用。便桥应定期进行安全检查，并对支座、联结件、支撑件、围栏等部位进行维护保养。

便桥位置应设置安全标志。其目的是对通行车辆和行人进行安全警示提醒。安全标志应设置在进入便桥桥头的醒目位置，标识内容应清晰、规范且昼夜醒目。

施工便桥应设置限宽、限速、限载标志。便桥下部有交通或通航要求的应在通行孔位处设置醒目的限高标牌；便桥两侧护栏的适当位置应布置一定数量的照明灯具和设置醒目的警示反光标志；水上便桥护栏应每 50m 布置一个救生圈；通航施工区域应按照相关部门批复的要求设置防撞墩等措施。

3.7 临时用电安全

施工单位应按规定编制临时用电组织设计或临时用电方案，审批手续应齐全。《施工现场临时用电安全技术规范》（JGJ 46—2005）规定，施工现场临时用电设备在 5 台以上或设备总容量在 50kW 以上者，应编制用电组织设计，少于上述规定的，制定安全用电和电气防火措施。

临时用电组织设计及变更时，必须履行“编制、审核、批准”程序，由电气工程技术人员组织编制，经相关部门审核及具有法人资格企业的技术负责人批准后实施（图 3-20、图 3-21）。

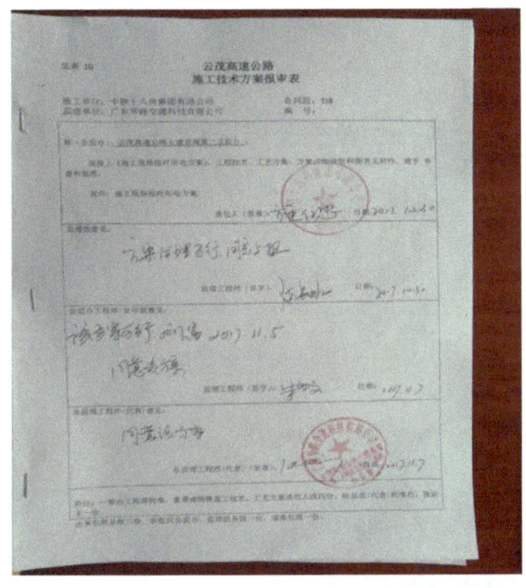
云茂高速公路
施工技术方案报审表

图 3-20　临时用电施工组织设计

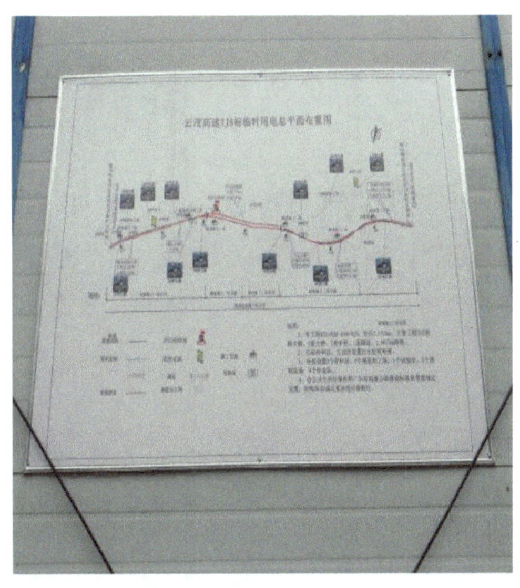

图 3-21　临时用电总平面布置图

施工单位应按照施工现场临时用电组织设计或方案进行布设和使用。临时用电必须编制施工组织设计或专项方案，布设完成后组织编制、审核、批准和使用单位的相关人员按照技术规范、组织设计或方案的要求进行验收，验收合格后方可投入使用。

施工过程中应定期对现场是否按照组织设计或方案使用进行检查。临时用电使用中应定期检查，由考核合格、持证上岗的电工负责安装、巡检、维修或拆除临时用电设备和线路，建立工作记录。

变配电设备设施、电缆、照明灯具的安全性等应符合相关规定。变配电设备设施、电缆、照明灯具是施工现场临时用电和安全管理的重要内容，其设计、选型、配置、管理、使用、维护和检修必须满足现行《建设工程施工现场供用电安全规范》（GB 50194）和《施工现场临时用电安全技术规范》（JGJ 46）的规定。

临时用电等电力电气设施应设置明显的安全警示标识、标牌。

根据国家有关法律法规以及广东省交通运输厅发布的《广东省高速公路施工安全标准化指南》，各参建单位在施工前由电气工程技术人员组织编制临时用电施工组织设计，通过监理单位审批后，按照施工组织设计进行现场临时用电配置，施工现场临时用电采用 TN-S

接零保护系统，做到"三级配电、两级漏电保护、一机一闸一漏、一箱一锁"和"动照分设"的配电及保护使用的要求，对供配电设施进行围挡防护设置，外电线路进行架空设置，并在各施工区域配置了相应的消防设施，对于预防触电事故的发生十分有效，保证了施工人员的安全，如图 3-22 ~ 图 3-27 所示。

图 3-22　变配电设施设备

图 3-23　临时用电线路布设

图 3-24　一级配电

图 3-25　"三相五线"制线路布设

图 3-26　三级配电两级保护

图 3-27　线路架空布设

3.8 特种设备安全

3.8.1 特种设备管理

(1)安全使用登记标志应悬挂于明显位置。

特种设备安全使用登记标志是特种设备安全使用的身份标志,标志该设备的制造、安装、检验、注册、登记、使用均合法。悬挂安全使用登记标志的目的是对设备检验状态、运行情况进行公示和告知,接受相关部门和使用人员的监督。

特种设备应具有出厂合格证,安装完成之后应委托具有相应资质的检验检测机构进行检验,检验合格后,应取得检验检测合格证(图3-28)。《特种设备安全法》规定:施工项目使用的特种设备应在投入使用前或者投入使用后三十日内,向负责建设项目特种设备安全监督管理的部门办理使用登记,取得使用登记证书。登记标志应当置于该特种设备的显著位置。

特种设备使用期间必须按规定悬挂安全使用登记标志。

特种设备作业现场应设置设备出厂合格证、检验检测报告、使用登记证和人员操作证书公示牌,以及相关安全操作规程牌、机械设备标识牌等告示或安全警示标牌(图3-29)。

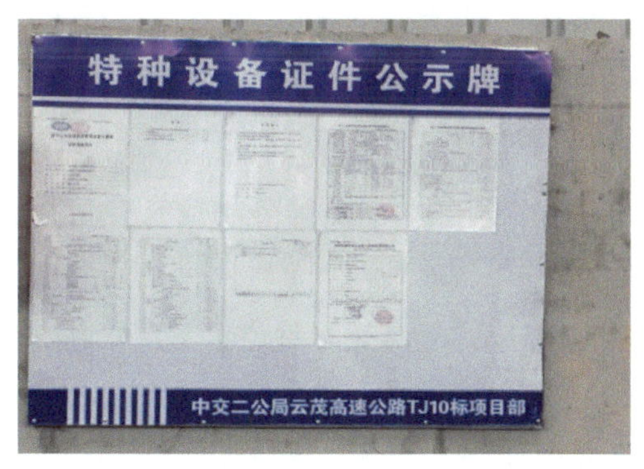

图3-28 特种设备证件告示牌

图3-29 特种设备使用登记证

(2)特种设备作业人员应持证上岗(图3-30)。

特种设备作业人员必须持有特种设备作业人员证方可上岗。特种设备作业人员类别应符合《特种设备作业人员监督管理办法》和《建筑施工特种作业人员管理规定》对作业种类的要求。

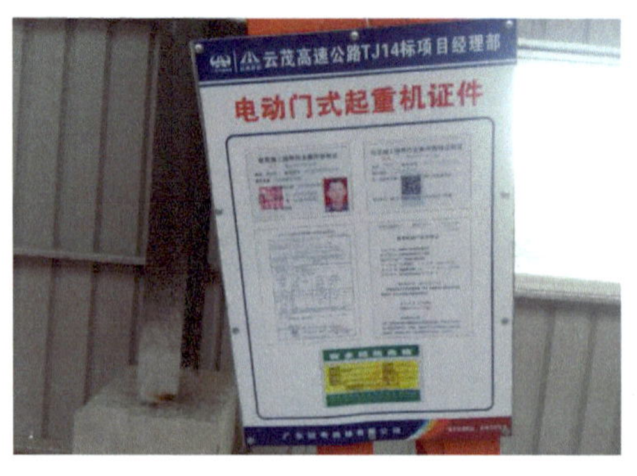

图 3-30　特种设备相关证件公示

特种设备作业人员应经省级质量技术监督部门指定的特种设备作业人员考试机构考核合格,取得县以上质量技术监督部门颁发的《特种设备作业人员证》,方可在许可的项目范围内作业。《特种设备作业人员证》每 4 年复审一次。

建筑起重机械相关作业人员由省、自治区、直辖市人民政府建设主管部门考核合格颁发《建筑施工特种作业人员操作资格证》,证书在全国通用,有效期 2 年,到期复核合格后证书有效期延期 2 年。

(3)垂直升降设备不得超载运行,其基础承载力、临边防护、防排水等应符合相关规定,架体附着装置应牢固。

垂直升降设备基础、架体附着装置、载重量及额定乘员应符合设计、使用说明书及施工方案的要求。

垂直升降设备的基础设置在下部悬空结构上时,应对基础支撑结构进行承载力验算。垂直升降设备安装前应按规定对基础进行验收,合格后方能安装。

垂直升降设备的附墙架形式、附着高度、垂直间距、附着点水平距离、附墙架与水平面之间的夹角、导轨架自由端高度和导轨架与主体结构间水平距离等均应符合使用说明书的要求。

垂直升降设备额定载重量、额定乘员数标牌应置于吊笼醒目位置。严禁在超过额定载重量或额定乘员数的情况下使用设备。

(4)塔式起重机基础和架体附着装置应牢固,轨道式起重机限位及保险装置应有效。

塔式起重机基础应能承受工作状态和非工作状态下的最大载荷,并满足塔式起重机抗倾翻稳定性的要求,附墙杆件与(建)构筑物之间的固定连接应牢固可行。

轨道起重机行走轨道端头应设置车挡及防撞缓冲装置,起重机行走前应检查行走限位器是否可靠有效。停止使用时,应使用夹轨器,临时停止时使用垫木或铁鞋固定。

(5)其他要求。

特种设备的安装、改造、拆除等工作须由具备相应资质的单位承担,其安装、改造、拆除、使用、定期检验等工作应符合《特种设备安全法》中的相关规定。安装、拆除门式起重机、塔式起重机、架桥机等起重设备,应编制安装拆除专项施工方案。

特种设备进场后,须建立设备管理台账,做到“一机一档”;应定期对特种设备进行检查、维修及保养,并做好维修保养记录(图 3-31)。

图 3-31　“一机一档”设备管理档案

特种设备上各种安全防护、保险限位装置及各种安全信息装置必须齐全有效。

起重作业前,必须严格检查起重设备各部件的可靠性和安全性。当被吊物的重量达到起重设备额定起重能力的 90% 及以上时,应进行试吊。

起重吊装作业时必须严格遵守以下规定:

①设备安全装置必须灵敏有效,严禁设备带病作业。

②起吊时须选取合适的吊点,严禁斜拉、斜吊。

③禁止起吊重量不明、埋于地下或黏结在地面上的重物,严禁超载起吊。

④起吊散物时必须捆扎牢固或采用专用吊篮,起吊物料不能装放过满;棱刃物起吊时在与钢丝绳直接接触的部位须采取保护措施。

⑤起重作业时,现场必须有专门的指挥员和安全员。

⑥起重作业时,严禁在已吊起的构件下或起重臂旋转范围内作业或通行。

⑦高空吊装梁等大型构件时应在构件两端设置溜绳。

⑧室外起重设备应在顶部不挡风处设置风速仪,六级以上大风时严禁室外起吊作业,海上等特殊环境作业时须进行专项论证。

当塔式起重机、门式起重机以及架桥机位于地势较高或雷电区时宜设置避雷装置,并按照相关规定要求进行检查验收。

3.8.2 门式起重机

门式起重机(图3-32)首次使用前应进行试吊,并保留试吊记录。

图3-32 钢筋加工场门式起重机

门式起重机在每班起重作业前应进行空载运转,确认各机构运转正常、制动可靠、限位开关灵敏后,方可操作。

使用过程中重物提升或下降时应平稳匀速。

如起吊过程中突然出现设备故障,应立即采取措施将重物平稳放置在安全位置,随后立即关闭电源进行检修。运行过程中突然断电时,应立即将所有控制器拨回零位,关闭总电源。

门式起重机运行时要保持平行移动,若发现两侧移动不同步,应立即停机调整,防止出轨。

门式起重机大车电机建议竖向安装,防止碰撞。

门式起重机处于非工作状态时应及时收回吊钩并靠端头停车,停止使用时锁紧夹轨器,临时停止时应用垫木固定,将控制器拨到零位,切断电源,做好检查记录(图3-33、图3-34)。

门式起重机轨道纵坡应尽量保持水平,基础应满足轨道承载力要求。

室外门式起重机桁架梁上不宜安装宣传标识标牌,避免增大阻风面积。

图 3-33　门式起重机自动液压夹轨器

图 3-34　门式起重机红外线感应限位装置

3.8.3　塔式起重机

塔式起重机基础须满足塔式起重机使用说明书中关于承载力的要求，并结合塔式起重机最不利承载条件进行相应验算。

相邻两台塔式起重机之间任何部位（包括起吊重物）的空间距离都不得小于 2m。

有架空输电线的场合，塔式起重机的任何部位与输电线的安全距离，应符合表 3-1 的规定。如因条件限制不能保证表中的安全距离，应与有关部门协商，并采取安全防护措施后方可安装使用。

塔式起重机与输电线的安全距离　　表 3-1

安全距离（m）	电压（kV）				
	<1	1～15	20～40	60～110	220
沿垂直方向	1.5	3.0	4.0	5.0	6.0
沿竖直方向	1	1.5	2.0	4.0	6.0

每天施工作业前，操作人员应对塔式起重机安全装置进行检查，保证各项装置灵敏有效，发现问题应立即进行维修保养，并保留检查、维修保养记录。

塔身顶升接高到塔式起重机规定锚固间距时，应及时增设与建筑物的锚固装置。塔身高出锚固装置的自由端的高度应符合出厂规定。

塔式起重机在作业结束、临时停机或中途停电时，应放松抱闸，将重物缓慢放置地面并松钩，禁止将重物悬吊在空中（图 3-35）。

图 3-35　塔式起重机施工

塔式起重机应按照规范要求设置接地保护，接地电阻应不大于4Ω，重复接地电阻不能大于10Ω。

塔式起重机旋转半径投影范围内，不得设置施工或看守人员住宿点。

塔式起重机应定期进行检查，要有检查方案，明确检查项目、要求和频次。其中附墙锚固、基础、各类限制器、限位装置、保护装置、滑轮组、钢丝绳、吊具等重点检查项目应每月检查一次；一般检查项目如电气防护等，应每季度检查一次，极端恶劣气候后，应及时进行全面检查。每次检查应保留检查记录。

3.8.4 架桥机

架桥机的安装与拆除必须严格按照施工方案进行。

架桥机拼装完成后须进行试吊，试吊可采用梁板，将梁板提起后，应仔细检查各主要部位的受力情况，经确认一切正常后方可使用作业。

架桥机纵向运行轨道两侧规定高度要求对应水平，保持平稳。前、中、后支腿的各横向运行轨道应水平，并严格控制间距，三条轨道必须平行。

架桥机天车在携带混凝土梁板行进时，前支腿部位须用手拉葫芦与横移轨道拉紧固定，提高稳定性（图3-36）。

图3-36　架桥机架梁作业

作业过程中必须有专人指挥，无论何时，当听到任何停止的信号时必须立即停止作业。

作业过程中还须随时注意安全检查；每架设完一跨，必须对架桥机进行一次全面检查，严禁架桥机带病作业。

架桥机前移过孔时，起重小车应位于对稳定最有利的位置，且抗倾覆安全系数不得小于1.5，配重不足时可利用梁板进行配重，过孔时必须一次到位，中途不得停顿；起吊天车提升与携梁行走不得同时进行，天车携梁时应平稳迁移。架桥机过孔时项目专职安全员应进行现场旁站。

3.9 消防安全

(1)办公区、生活区、作业区应设置消防安全设施总平面布置图。

消防安全设施的类型、配置数量、分布情况是办公区、生活区、作业区消防安全布局和管理的重要内容，明确消防安全设施总平面布置图，对火灾风险源分布、火灾处置、消防应急和救援具有公示和指导作用。

消防安全设施总平面布置图应结合现场总平面布局绘制，应当明确火灾风险区域及消防安全责任人、消防设施分布及有效作用范围、消防车通道、疏散或应急逃生通道及出口(图 3-37、图 3-38)。施工现场消防安全设施总平面布置图应包括下列内容：

图 3-37 消防责任牌

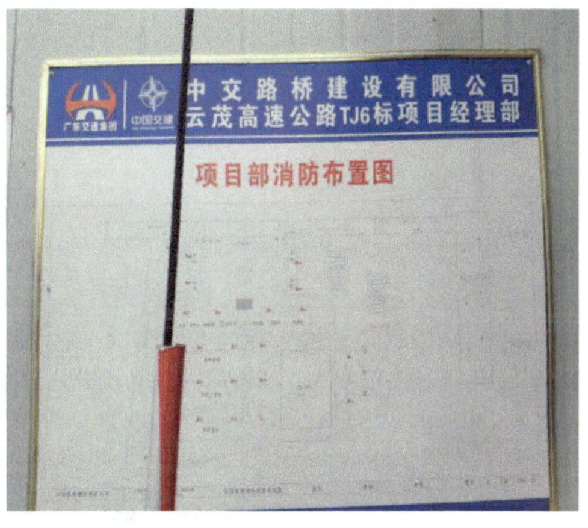

图 3-38 消防布置图

①施工现场的出入口、围墙、围挡；

②场内临时道路；

③给水管网或管路和配电线路敷设或架设的走向、高度；

④施工现场办公用房、宿舍、发电机房、变配电房、可燃材料库房、易燃易爆危险品库房、可燃材料堆场及其加工场、固定动火作业场等；

⑤临时消防车道、消防救援场地和消防水源。

(2)施工现场消防设施、消防通道布设应符合相关规定(图 3-39 ~ 图 3-47)。

图 3-39　办公楼疏散楼梯

图 3-40　驻地安全逃生通道

图 3-41　消防水池

图 3-42　消防柜

图 3-43　消防检查

图 3-44　消防演练

施工现场消防设施的类型应与该场所可能发生的火灾类型相匹配，最低配置标准与最大保护距离、消防水池设置与用水量应满足技术规范要求。消防设施及器材应有专人管理，定期检查、维护和保养，对失效设施和器材及时维修或更换。

各单位应按照国家标准、行业标准配置消防设施、器材，设置消防安全标志，确保齐全完好有效。按照有关规定定期对灭火器进行维护保养和维修检查。对灭火器应当建立档案资料，记明配置类型、数量、设置位置、检查维修单位（人员）、更换药剂的时间等有关情况。

图 3-45　驻地消防设施配置

图 3-46　气瓶距离安全并配有灭火器

图 3-47　厨房配备灭火器

施工现场消防通道与在建工程、临时用房、可燃材料堆场及其加工场的距离，不宜小于 5m，且不宜大于 40m；施工现场周边道路满足消防车通行及灭火救援要求时，施工现场内可不设置临时消防车通道。

办公区和生活区消防设备设施配置要求：每 $100m^2$ 配备手提式 4kg 干粉灭火器不少于 2 具，并在适当位置设手动（或电动）消防水泵一台、不小于 $20m^3$ 消防水池一个，以及 $2m^3$ 的消防沙池一个。施工现场房屋的建筑构件和建筑材料的防火性能必须符合国家现行标准的要求。施工现场房屋内装修、装饰应选用不燃、难燃的合格材料。项目办公区的疏散楼梯、消防通道应保持畅通，严禁在楼梯间堆放杂物，设置人员撤离标志。

生活设施应尽可能搭建在距离修建的建筑物 20m 以外的地区，禁止搭设在高压架空电线的下面，距离高压架空线的水平距离不应小于 6m。宿舍与厨房、锅炉房、配电房之间的防火距离应不小于 15m。驻地与贮存易燃物品、油料、炸药等所修建临时仓库的防火间距应满足有关规定。严禁在床上吸烟，烟头、纸屑等杂物不准随地乱丢。严禁乱拉乱接电线，不准在电线上晾挂衣服和使用超大功率照明器材。严禁使用电炉和超线载的大功率用电取暖设备。严禁使用有明火的取暖设施。保持宿舍道路畅通，不准在宿舍通道、门口堆放物品和作业。严禁携带易燃易爆物品进入宿舍。每天安排专人清扫宿舍(生活区)杂物和垃圾,可燃杂物要集中堆放,不宜堆放在建筑物内和宿舍附近。

生产区具有火灾、爆炸危险的地方严禁明火;裸露的可燃材料上严禁直接进行动火/作业。固定动火作业场所应布置在可燃材料堆场及其加工场、易燃易爆危险品库房等区域的全年最小频率风向的上风侧。易燃易爆危险品库房与在建工程的防火间距应不小于15m,可燃材料堆场及其加工场、固定动火作业场与在建工程的防火间距应不小于10m,其他临时用房、临时设施与在建工程的防火间距应不小于6m。

(3)消防区域应悬挂责任铭牌(图3-48)。

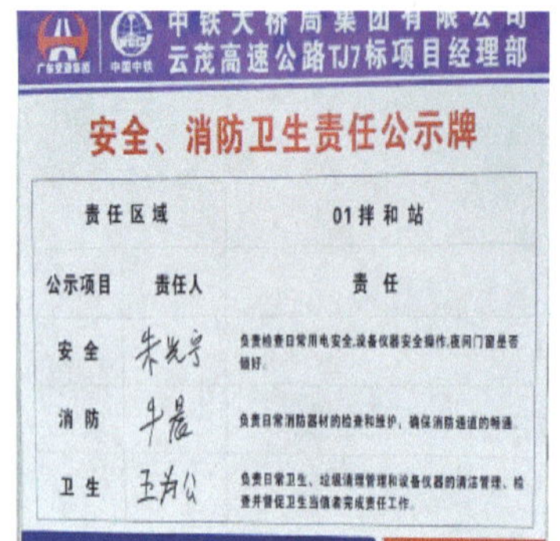

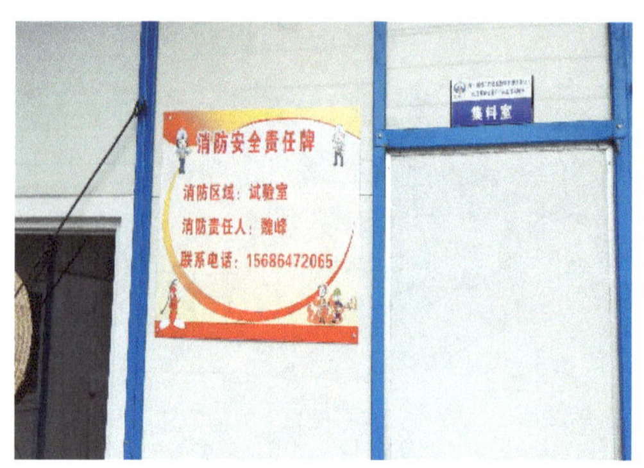

图3-48　消防责任牌

施工现场应实行消防安全责任制。施工项目应根据建设项目规模、现场消防安全管理的重点,在施工现场建立消防安全管理组织机构及义务消防组织,并应确定消防安全负责人和消防安全管理人员,同时应落实相关人员的消防安全管理责任。

施工现场应根据消防重点划分消防安全责任区域,各责任区应设置铭牌,明确责任人员、责任区范围、消防责任、监督及应急电话等内容,铭牌应设在醒目位置。

3.10 安全防护

3.10.1　个体安全防护

(1)项目经理部使用的劳动防护用品应符合国家和行业的相关规定。

劳动防护用品是指施工项目为从业人员配备的使其在劳动过程中免遭或者减轻事故伤害及职业危害的个人防护装备。

按照现行《个体防护装备选用规范》(GB/T 11651)规定,常用个人劳动防护用品共72

个品类，包括头部防护装备、呼吸防护装备、眼面部防护装备、听力防护装备、手部防护装备、足部防护装备、躯体防护装备、坠落防护装备、劳动护肤用品、逃生防护装备等十个类别。

劳动防护用品应具有生产许可证、产品合格证、安全鉴定证和劳动防护安全标志（图 3-49、图 3-50）。

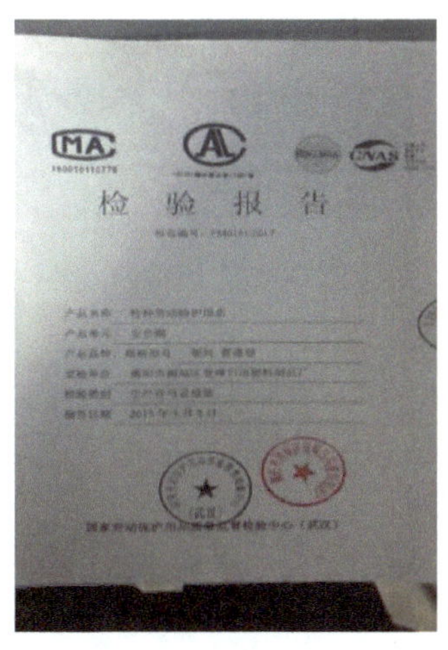
MA

检 验 报 告

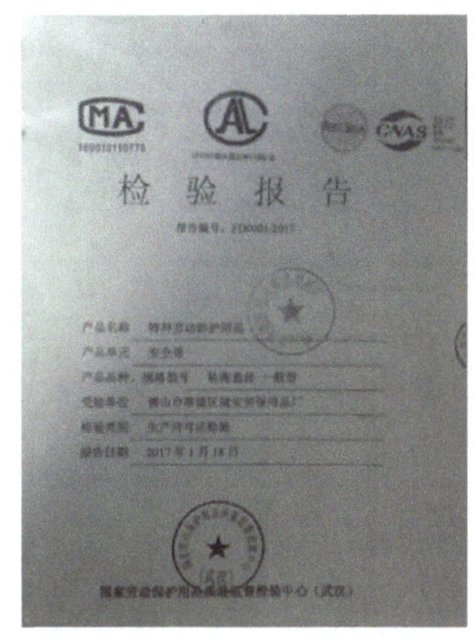
MA

CNAS

检 验 报 告

2017 年 1 月 18 日

图 3-49　安全帽检验报告　　图 3-50　安全带检验报告

（2）进入施工现场的从业人员应按规定配置和正确使用劳动防护用品。

劳动作业过程中为防御物理、化学、生物等外界因素的伤害，应根据作业类别及主要危险特征为从业人员配备劳动防护用品。

公路水运施工现场常用劳动防护用品包括：安全帽、安全带、救生衣、防护服、防护鞋、防护手套、防护面具等，施工项目应按照现行《个体防护装备选用规范》（GB/T 11651），根据作业类别为从业人员配置可以或建议佩戴的个体防护装备（图 3-51 ~ 图 3-56）。从业人员应根据劳动防护用品使用说明正确佩戴和使用。安全防护用品须具有产品合格证，严禁使用不合格的防护用品。

图 3-51　安全帽

图 3-52　安全带

图 3-53　焊工防护

图 3-54　安全防护齐整

图 3-55　安全防护用品标准穿戴示范

图 3-56　安全带使用体验

施工单位应及时对新进场的作业人员进行安全防护用品使用教育培训；作业人员进入施工现场前，须正确佩戴和使用安全防护用品。场区入口处宜设置安全警示镜及安全防护用品正确佩戴示意图，以助作业人员正确使用安全防护用品。

施工项目应当按照劳动防护用品发放周期定期发放，对工作过程中损坏的安全防护用品应及时更换。

建设、监理、施工单位每年应至少开展一次安全防护用品检查工作，发现异常时，及时进行维修或更换。

3.10.2　安全防护设施

安全设施是在生产经营活动中用于预防、控制、减少与消除事故影响采用的设备、设施、装备及其他技术措施的总称。安全设施分为预防事故设施、控制事故设施、减少与消除事故影响设施三类。

安全设施设置程序不仅要满足有关法律法规的要求，在具体设置时还要符合有关技术规范的要求，同时还要做好日常管理，才能发挥其应有的作用。在日常管理方面，项目建设单位的各职能部门要重点做好以下工作：

①根据《建设项目安全设施“三同时”监督管理办法》(国家安全生产监督管理总局令第 36 号)，建设项目安全设施必须与主体工程同时设计、同时施工、同时投入生产和使用。确保安全设施与主体工程同时施工，必须按照批准的安全设施设计施工，并对安全设施的工程质量负责；施工结束后，要组织安全设施的检验调试、竣工验收，确保竣工资料齐全和安全设施性能良好，并与主体工程同时投入使用。

②应确保安全设施配备符合国家有关规定和标准。安全设施应确保设计要求，保证质量，应选用工艺技术先进、产品成熟可靠、符合国家标准和规范、有政府部门颁发的生产经营许可的安全设施，其功能、结构、性能和质量应满足安全生产要求；不得使用国家明令淘汰、未经鉴定、带有试用性质的安全设施。

③要建立安全连锁系统管理制度，严禁擅自拆除安全连锁系统进行生产。根据风险状况设置安全连锁或紧急停车系统等。

④安全设施实行安全监督和专业管理相结合的管理方法。

⑤要建立安全设施档案、台账，监督检查安全设施的配备、校验与完好情况，定期组织对安全设施的使用、维护、保养、校验情况进行专业性安全检查。

⑥对建设项目中消防、气防设施“三同时”制度执行情况进行监督检查，做好消防、气防设施更新、停用(临时停用)、报废的审查备案，建立消防、气防设施档案和台账，组织编制和修订消防、气防设施安全操作规定，定期对相关岗位员工进行培训，确保正确使用。

⑦要制定安全设施更新，停用(临时停用)、拆除、报废管理制度，认真落实安全设施管理使用有关规定，严格执行安全设施更新、校验、检修、停用(临时停用)、拆除、报废申报程序。要按照用途及配备数量，将安全设施放置在规定的使用位置，确定管理人员和维护责任，不允许挪作他用，严禁擅自拆除、停用(临时停用)安全设施。要定期对安全设施进行检查，并配合校验及维护工作，确保完好，并经常组织对操作员工进行正确使用安全设施的技术培训，定期开展岗位练兵和应急演练，不断提高员工使用安全设施的技能。

⑧安全设施应编制设备检维修计划，定期检维修。安全设施不得随意拆除、挪用或弃置不用，因检维修拆除的，检维修完毕后应立即复原。

⑨在防爆场所选用的安全设施，应取得国家指定防爆检验机构发放的防爆许可证，并达到安装、使用场所的防爆等级要求。在设计安全设施的安装位置、方式时，应充分考虑员工操作、维护的安全需要。

安全设施校验的单位和人员应取得国家和行业规定的相应资质，校验用校验仪器、校验方法和校验周期等符合标准、规范要求。

(1)高处、临边、临水作业应设置作业平台、防护栏杆及安全网(图3-57、图3-58)。

图3-57　高处临边作业安全防护

图3-58　临水安全防护

高处作业是指在距坠落高度基准面2m或2m以上有可能坠落的高处进行的作业。高处作业高度分为2~5m、5~15m、15~30m及30m以上四个区段。

对高处、临边、临水作业,应根据情况设置防护栏杆、安全平网、安全防护棚、安全门及其他安全设施。

高处、临边、临水作业安全防护栏杆及安全网的设置应符合下列规定:

①防护栏杆应能承受1000N的可变荷载;

②防护栏杆下方有人员及车辆通行或作业的,应挂密目安全网密封,防护栏杆下部应设置高度不小于0.18m的挡脚板;

③防护栏杆应由上、下两道横杆组成,上杆离地面高度应为1.2m,下杆离地面高度应为0.6m;

④横杆长度大于2m时,应加设栏杆柱;

⑤使用的钢管、扣件、安全网等,必须有国家生产许可证、产品合格证、产品检测报告等;

⑥防护栏杆立柱间距不得大于2m;

⑦使用的钢管应做防锈处理,并刷间距为 300mm、红白相间的油漆;

⑧明显部位必须按规定设置安全警示标志牌;

⑨栏杆应在高处、临边、临水范围连续设置,不得有缺损。

(2)施工现场下方有人员通行或作业的,应设置挡脚板、防滑设施、安全网、安全通道等(图 3-59)。

图 3-59　安全通道

凡人员进出的通道口,均应搭设安全防护棚(图 3-60)。由于上方施工可能坠落物件或处于起重机把杆回转范围之内的通道,在其受影响的范围内,必须搭设顶部能防止穿透的双层防护廊。

图 3-60　安全防护棚

防护栏杆下方有人员及车辆通行或作业的,应挂密目安全网密封,防护栏杆下部应设置高度不小于 0.18m 的挡脚板。

上下交叉作业、邻近或跨越道路及航道施工,应在高处作业临边设置围挡,铺设防滑板,挂设安全网，防护栏杆下部设挡脚板，按坠落高度确定防护等级和防护半径，在有可能坠落的范围内，搭设安全防护棚或安全通道，防护等级以及防护半径应符合现行《高处作业分级》(GB/T 3608)的规定。

3.10.3 安全标志标牌

(1)施工现场明显位置应设置"五牌一图"。

"五牌一图"是指在施工现场进口处设置的工程概况牌、管理人员名单及监督电话牌、消防保卫牌、安全生产牌、文明施工牌、施工现场总平面图(图3-61)。

图3-61 "五牌一图"

施工现场应根据安全文明施工和形象展示需要，在驻地、加工场、拌和站、预制场等场所的明显位置设置"五牌一图"。

(2)交通要道、重要作业场所、危险区域应设置安全警示标识、标牌。

安全警示标志分为禁止标志、警告标志、指令标志和提示标志四大类型。现场应根据现行《安全标志及其使用导则》(GB 2894)的规定，按照危险源的类型、设置范围和地点等要求正确设置标识、标牌。

同时，应在现场醒目位置、重大危险源、存在严重职业病危害的场所、有重大事故隐患和较大危险的场所设置安全生产风险公告牌(图3-62)。

现场的交通要道、重要作业场所、危险区域包括：

①施工便道、交通道路出入口、陡坡、急弯等危险路段；

②加工场、拌和站、预制场；

③易燃、易爆、危险品仓库；

④隧道或辅助坑道入口；

⑤墩、柱、塔等结构物翻模、爬模、滑模施工、支架及悬臂浇筑现浇梁等施工区域；

图 3-62　安全风险告知牌

⑥爆破、预应力、起重吊装、高边坡、深基坑施工区域；

⑦高处、临边、孔洞口、临水施工区域；

⑧支架、脚手架、便桥等临时设施；

⑨高压线、临时用电等电力电气设施；

⑩其他存在重大危险源的区域。

交通要道、重要作业场所、危险区域设置的安全警示标识、标牌应及时进行维护和更新(图 3-63)。

图 3-63　安全警示牌

(3)现场机械设备应按相关规定设置统一标识铭牌,张贴安全操作规程。

铭牌是指装在机械、设备或仪器上面的金属标牌,包括购入时已有的铭牌和企业自行安装的铭牌。购入时已有的铭牌上一般标有设备名称、型号、性能、规格、出厂日期、出厂编号及制造者等信息。企业自行安装的铭牌根据管理需要设置。

拌和站、钢筋场、预制场及其他施工现场应将施工机械、工程车辆、起重设备、压力容器等机械设备进行编号管理,设置统一标识铭牌,内容应包括机械设备名称、编号、规格型号、安全参数(如最大载重量、最大起升高度、额定电压、额定工作压力、额定运行速度等)、操作人员、设备管理及检修责任人、进场日期、状态等(图3-64)。

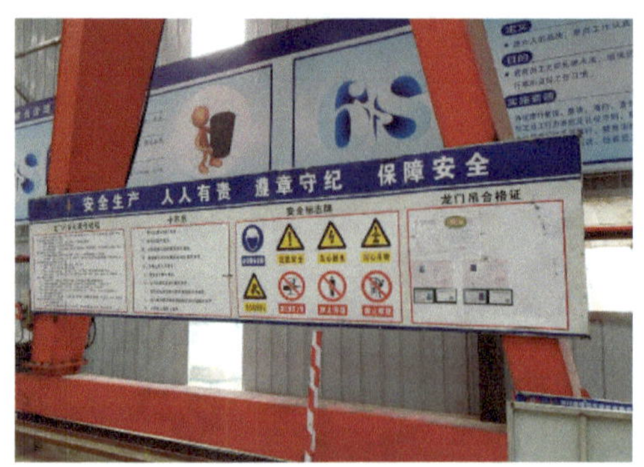

图3-64 设备信息公示牌

机械设备应明确安全操作规程,张贴在操作者的醒目位置。机械设备标识铭牌及安全操作规程牌应定期维护和更新。

3.11 防雷设施

拌和、打桩和起重等高耸设备及其他电气设备应按规定设置防雷设施(图3-65)。

图3-65 防雷装置布设

施工现场拌和、打桩和起重等高耸设备及其他电气设备的防雷装置应按照现行《施工现场临时用电安全技术规范》(JGJ 46)规定,根据施工项目所在地区年平均雷暴日及设备设施高度确定。

CHAPTER 4 第4章

路基工程

路基工程应控制施工可能导致周边环境受到影响或发生不利事件的安全风险。建设单位组织的设计安全交底中应明确施工现场及毗邻区域内地下管线、地下工程、相邻建筑物和构筑物的有关资料，提供并保证资料的真实、准确、完整，施工单位在开挖过程中应小心验证资料的真实性、准确性。

施工单位应对工程影响范围内的周边环境进行全面核查，当实际状况与设计出入较大时，建设单位应组织设计、施工等单位补充完善工程措施。

高边坡等工程应进行施工安全风险评估，编制相应的总体、专项风险评估报告，并组织专家评审。施工单位还应对危险性较大的滑坡处理和填、挖方路基工程编制专项施工方案，按照规模程度组织专家审查、论证[详见《公路工程施工安全技术规范》(JTG F90—2015)附录A]。

路基施工前应掌握影响范围内架空、地下埋设的各种管线情况并做好标识，并与管线产权单位对接沟通，方案报产权单位批准后，采取移出、保护或加固措施。

对路基沿线穿过的乡镇道路，道路两边进行围闭并设置交通警示标志。

应做好施工期临时排水设施总体规划，与永久性排水设施综合考虑，并与工程影响范围内的自然排水系统相协调，预防雨季发生泥石流风险。

4.1 一般路基施工

施工现场作业区应设置完善的警示标牌，作业期间必须有现场管理人员监护管理。

机械作业范围内不得同时进行人工作业。多台机械同时作业时，各机械(平地机、压路机等)之间应保持安全距离，前后间距应不小于8m，左右间距应大于2m。两台以上压路机同时作业前后间距不得小于3m，坡道上纵队行驶时间距不得小于20m。

自卸式运输车辆必须按规定吨位装载，不得超载、超高。严禁车箱处于举升状态离场。翻斗内严禁载人。

边缘地段上作业的机械应采取防止机械倾覆、边坡坍塌的安全措施。

挖方施工中发现危险品及其他可疑物品时，应立即停止施工，按照规定报请有关部门处理。

路堑开挖应采保证边坡稳定的措施，开挖应分级开挖，边坡有防护要求的应开挖一级防护一级，且应自上而下开挖，不得掏底开挖、上下同时开挖、乱挖超挖。两台及以上挖掘机开挖、装运作业时，应有现场管理人员，防止抢装抢运，并保持通道畅通。同时应做好坡顶、坡面监测，并采取临时排水措施，及时清除地表水和不稳定孤石。

结构物台背回填区不宜采用重型压路机碾压。台、涵背回填采用液压式强夯机，每填筑

2m厚度补强一次,压实度满足设计要求。

填挖交界处应保持施工通道平顺、畅通,确保行车安全(图4-1)。

图4-1　路基填筑

4.1.1　石方路基爆破作业

路基土石方爆破作业应按审批过的专项施工方案实施。爆破作业时应设置警戒区。

路基土石方爆破作业应编制爆破施工方案,制定相应的安全技术措施并经有关部门审批同意。爆破作业前,应按规定办理审批手续,批准后方可实施爆破作业。爆破作业必须要有爆破资质的单位实施,爆破员、安全员、押运员等必须持有效证件方可上岗。

爆破作业必须设置警戒区和警戒人员,起爆前必须撤出人员并按规定发出声、光等警示信号。爆破后经排险,警戒解除后方可进入作业区域。

4.1.2　高填深挖路基施工

高填深挖路基施工作业应符合安全规定。施工便道应符合相关规定,危险路段防护措施应到位、警示标识应正确、齐全。

高填路堤预留宽度应符合设计要求,应及时施作临时排水设施,作业区边缘应设置明显的警示标识,应进行位移监测。

深挖路堑施工应及时施作临时排水设施。边坡应严格按设计坡度开挖,并做到开挖一级,防护一级,同时监测边坡的稳定性。

施工便道应根据运输荷载、使用功能、环境条件进行设计和施工,并应符合下列规定:

(1)双车道施工便道宽度不宜小于6.5m。

(2)单车道施工便道宽度不宜小于4.5m,并宜设置错车道,错车道应设在视野良好地段,间距不宜大于300m。设置错车道路段的施工便道宽度不宜小于6.5m,有效长度不宜小于20m。

(3)路拱坡度应根据路面类型和现场自然条件确定,并应大于1.5%。

(4)施工便道应根据需要设置排水沟和圆管涵等排水设施。

(5)施工便道在急弯、陡坡、连续转弯等危险路段应进行硬化,设置警示标识,并根据需要设置防护设施。

(6)施工便道中易发生落石、滑坡等危险路段应根据需要设置防护设施。

(7)紧邻或穿越河道时不得破坏原有水系,不得降低原有河道泄洪能力。

施工便道与既有道路平面交叉处应设置道口警示标识,有高度限制的应设置限高架。便道的维护、维修应及时。

施工便桥应经专门设计,两端应设置限宽、限速、限载标识,建成后应验收。

4.1.3 施工机械及运输车辆管理

施工机械及运输车辆应编号统一,休工时应集中停放在安全区域,且摆放有序,进行必要的标识及防护。

机械设备应经进场验收后,实行统一编号,张贴管理铭牌,建立机械设备分类管理台账,规范维修、保养及日常管理。

4.2 软基处理

砾(碎)石桩、水泥搅拌桩、塑料排水板、水泥粉煤灰碎石(CFG)桩、静压管桩、旋喷桩、塑料套管桩等专项机械处理的软基路段施工,其工作垫层的厚度、压实必须满足设计要求,为软基处理施工机械提供一个平整、稳固的安全工作面,并满足以下要求:

(1)施工前对周围环境进行详细调查,查明施工区(高空、地面、地下)有无妨碍打桩的障碍物,对影响施工的因素采取必要的处理措施。

(2)现场入口边设置施工标志牌、明示安全要点,现场机械悬挂安全警示牌。现场临设、机具按批准的总平面布置图布设,工具、材料分规格堆放整齐,并进行分类标识。

(3)移动式电气机具设备应用橡胶电缆供电,并注意经常理顺电线。跨越道路时,应埋入地下或做穿管保护。必须由专业电工进行检修或操作。

(4)强夯机、水泥粉煤灰碎石桩(CFG)施工机械就位后应将机架摆放平整、稳定,并采取止动措施。

(5)强夯路段两侧50m以外设置警示牌,非工作人员严禁进入强夯区域,强夯机操作室前应安装牢固的安全防护网,注意检查滑钩、钢丝绳等。机下施工人员应距离夯点30m外或站在夯机后方。

(6)强夯作业对邻近居民区、既有建(构)筑以及宜受振动影响区域产生振动或损坏时,必须采取必要的减振措施加以防护。

(7)旋喷桩喷浆作业时,应注意压力表变化,出现异常时,应停机、断电、停风,并及时排除故障。故障处理结束,在开机送风、送电之前,应通知有关作业人员,防止有人处于危险位置而因突然开机受到伤害。作业区内严禁在喷浆嘴前方站人。

(8)静力压桩机作业前,应检查并确认各传动系统、起重系统及液压系统等运转良好,各部件连接牢固。作业时,应有专人统一指挥,压桩人员和吊桩人员应密切联系,非工作人员应离机10m以外。

(9)真空预压密封沟开挖宜采用机械开挖,开挖深度超过1.5m时,严禁人员进入沟底作业。

4.3 高边坡施工

4.3.1 基本要求

(1)高边坡、滑坡体、危石段安全防护措施应符合相关规定,并应设置风险源告知牌等。

高边坡、滑坡体和危石段施工前应检查坡体表面,及时清理坡面的危石、松石、浮石、悬石,做好相应的安全防护措施,并在危险区段周边设置醒目的风险源告知牌及相应的安全警示标识。

(2)高边坡施工应自上而下,多级边坡不得同时立体交叉作业(图4-2~图4-6)。

图4-2 坡面开挖一级、防护一级

图4-3 边坡格子梁施工

图 4-4　边坡绿化效果

图 4-5　路基排水设施

图 4-6　临时排水拦水埂

高边坡施工应按照“自上而下、分级进行、开挖一级，防护一级”的原则施工，开挖后的边坡应及时进行防护，严禁立体交叉施工。

(3)挡土墙施工应符合相关规定，相关排水设施应完善。

挡土墙基础应满足设计要求，必要时进行地基承载力的检测。

挡土墙基础沟槽开挖深度超过3m。进行路堤挡墙施工时，石料堆放与基坑边缘距离和荷载满足标准要求，严禁直接向基坑内直接倾倒。

挡土墙施工应设警戒区。作业时墙高大于2m时，必须搭设牢固的落地脚手架，严禁采用悬挑脚手架。脚手架应按搭设方案搭设，验收合格后方可使用。

锚杆挡土墙施工前，应清除岩面松动石块，并整平墙背坡面。

按设计及方案要求做好顶部、台阶、基础等相关排水设施。

(4)高边坡防护。

边坡防护作业及挡墙施工应设警戒区，并应设置明显的警示标志。

作业的机械设备布置在安全地段。每次使用前进行安全检查，满足安全要求后方可使用。

喷混植生作业应满足高空悬挂施工安全要求：

①使用吊绳（操作绳）规格不低于18mm/24000N，吊绳顶端锚固牢靠；吊绳靠沿口处应加垫软物，防止因磨损而断绳，绳子下端一定要接触地面，放绳人也应系临时安全绳。

②悬挂作业操作人员应无高血压、心脏病等不适宜高处作业症状，并能正确熟练地使用保险带和安全绳。

③每天作业前，必须检查相关的安全绳、安全带、悬挂装置及其平衡机构，确认完好才能进行作业，严禁超载或带故障使用任何器具。

挡土墙、护面墙及锚固工程高度超过2m作业应设置脚手架。操作平台外侧必须按规范搭设防护栏杆，拆除脚手架时，严格按照拟定拆除次序拆除。

高处运送材料宜使用专用提升设备，并遵守安全操作规定。避免上下交叉重叠作业，无法避免时，必须上下错开一定的安全距离，上层作业区边缘增加挡渣板等防护设施。不得自上而下顺坡卸落、抛掷砌筑材料或工具。

高边坡工程作业应设置专职安全员（监护），随时检查岩面松动石块、支架松动等安全隐患，发现问题及时解决。

锚杆（索）造孔采用风动钻进时，应采取必要的除尘措施。灌注浆液作业，安装压力表和安全阀，使用过程中如发现破损或失灵时，立即更换。不得在喷头和注浆管前方站人。

锚索（杆）张拉作业应设警戒区，操作平台应稳固，张拉设备应安装牢固，张拉过程中操作人员不得离岗，千斤顶后方不得站人。

抗滑桩施工作业前，应当编制专项施工方案。人工挖孔抗滑桩井挖采取跳挖，不得同时开展施工。

施工单位应当落实专职安全管理人员对滑动面、滑坡体进行检测，明确警戒范围，设置警示标志。

4.3.2 路堑高边坡施工安全管理

云茂高速公路是典型的山区高速公路，地质情况复杂，全线路堑边坡共1517处，其中4级及以上高边坡112处，最高边坡达7级，坡高达66.2m。

边坡容易受地质、气候及人为影响发生坍塌，以及施工过程中极易发生物体打击、高空坠落、机械伤害等安全事故。云茂项目重视边坡排水的管理，同时严格要求开挖后对边坡及时进行防护，确保边坡安全稳定。

(1)落实高边坡及时防护，确保开挖一级、防护一级(图4-7)。

图4-7　高边坡施作开挖一级、防护一级

云茂项目高边坡较多，最高边坡达7级。云茂公司要求各参建单位在汛期到来之前，做好边坡防护工作，切实做到边坡开挖一级、防护一级。同时组织第三方监测单位对全线高边坡施工情况进行专项监测和检查，对于不按照开挖一级、防护一级要求施工、支护不及时、边坡排水设施未及时施作等进行重点整治，有效保障汛期到来时边坡的稳定。防止因边坡防护不及时造成边坡坍塌。

(2)破解边坡作业空间有限难题，全面推广"爬山虎"运输车应用(图4-8)。

图4-8　高边坡施工"爬山虎"的应用

边坡防护作业中的材料运送一直以来都是施工中的难点，传统施工以人工搬运和汽车式起重机吊运为主，而人工搬运存在工效低、安全隐患大、作业平台空间有限等问题。云茂公司综合考虑传统高边坡防护材料运送的优缺点后，应用了"爬山虎"运输车作为高边坡施工材料运送工具。有效地避免了传统人工材料运送安全风险大的问题。

(3)探索建养一体化，实现建设运营监测数据不间断。

为及时掌握边坡变形趋势，确保项目建设及运营期边坡安全稳定。经过调研，在全线选择 7 处 4 级以上高边坡采用自动化监测技术，建立监测系统，该技术精度高，可实现连续实时观测，监测成本低，数据自动采集、分析、处理和发布。在确保第一时间掌握边坡变形数据的同时，为边坡运营期养护管理提供有效的数据支撑，做到建养监测数据连续不间断，有效解决建管分开造成的脱节问题(图 4-9)。

图 4-9　高边坡自动化监测技术

4.3.3　高边坡卫星监测系统应用

南方典型的山区高速公路高边坡具有独特的地质构造环境，降雨量大、工程施工振动频繁形成了各种大规模高危边坡。边坡高差大、整体稳固性差的边坡称为高危边坡，地质灾害事故通常突然发生，以致造成恶性伤亡事故，具有事故突发性和高危性，为确保支撑模板系统稳固和安全，必须对支撑模板系统进行实时变形监测。

通常采用精密水准仪测量沉降，全站仪测量平面位移，费时费力且精度不高，监测人员和仪器在边坡上作业，安全无法保障。高危边坡工程地质复杂，在布设变形监测点时要采用多种监测方式对滑坡体的变形现状及趋势进行综合、全面立体的监测，在建立地质灾害防治体系时，需要对高危边坡进行持续动态监测，及时获取高危边坡高精度变形数据，远程传输并进行高危边坡的实时监控。

高边坡卫星监测系统采用自动化卫星监测技术，该技术具有以下优点：

(1)高危边坡监测系统各监测项目数据可靠性强、精度满足要求(可达实时毫米级)、传输稳定、可满足高危边坡监测的需要。

(2)配备太阳能电池板，自动化程度高、可实现连续实时观测。不受气候条件限制、无须通视、时间分辨率高、自动化程度高。可实现 24 小时连续的实时观测。

(3)监测成本低，数据自动采集、分析、处理和发布，无须人工操作，节约大量人力物力，可跨越项目建设期和营运期，大幅降低了监测成本，可确保监测工作的连续性。

高危边坡监测的自动化和智能化，解决了常规监测方法在边坡上危险作业问题，有效地提高了作业效率，以更宽的视角及时指示变形部位以供排查隐患，确保坡体及周边安全。基于多传感器的高危边坡变形监测预警系统可实现边坡变形数据多维度分析，通过信息化自动传输手段进行边坡安全智能监控管理，具有先进性、实用性，有较大的推广价值。

CHAPTER 5 第5章

桥涵工程

桥梁工程应按要求进行施工安全风险评估，编制相应的总体、专项风险评估报告，并组织专家评审；施工风险评估应根据桥梁工程具体特点及环境进行。

施工单位还应对涉及危险性较大基坑基础、大型临时工程及桥梁专项工程编制专项施工方案，并按照规模程度组织专家审查、论证［详见《公路工程施工安全技术规范》(JTG F90—2015)附录A］。

专项施工方案应包含针对性强的技术分析及安全技术控制措施，监理工程师应严格审查安全生产条件。

开工前，施工单位应根据建设单位提供的施工现场及毗邻区域内水、电、气、通信等地下管线资料进行复查并做好标识，采取移出、保护或加固措施，确保管线安全。

作业使用的机械、特种设备应符合其安装、维护、使用、检验和拆除等管理规定，确保处于良好状态。施工单位应根据安全操作规程在施工现场设置安全操作规程牌进行明示。

特种作业人员应经过专业培训、持证上岗。进入施工现场的人员应按规定佩戴、使用劳动安全防护用品。

分部分项工程开工前，应进行三级安全技术交底。工班长每天班前会应组织进行危险告知。

新建涉铁、涉路及涉航桥梁时，应向所属相关管理部门办理行政审批。施工方案、保通方案必须满足安全施工及安全通行运营相关标准、法规及地方规定要求，安全技术评价由第三方评价机构按相应管理办法完成。

特大桥及上跨高速公路施工应安装视频监控，监控点选施工人员集中进出口、挂篮后锚固区、跨线点车辆过孔等位置。

施工单位应及时掌握气温、雷雨、台风等预报，做好安全防范工作。雷暴及六级及以上大风等恶劣天气时，应立即停止高处露天作业、缆索吊装及大型构件起重吊装等作业。

5.1 基础施工

(1)基础施工应按照审批过的方案实施。

扩大基础、挖孔桩和钻孔桩应按审批过的方案实施，不得随意变更。如根据现场情况确需要变更的需重新审批或组织专家进行论证。

(2)桩基孔口安全防护应符合以下要求：

①挖孔桩施工时，桩位处应设立警示标识、工程标示牌等，孔口应设置锁口，锁口高度应高于地表300mm以上，孔口周边1.0m范围内进行环形硬化。孔口四周必须搭设防护围栏，停止作业时，应派人值班，孔口加盖，夜间加强照明(图5-1、图5-2)。

②桩孔内应有足够照明、通风、排气设施,同时备有逃生安全爬梯。

③钻孔灌注桩施工时,桩机作业区域应平整,必须采取安全防护措施,在醒目位置设立警示标识、工程标示牌等。

图5-1　挖孔桩作业安全防护

图5-2　成桩洞口安全防护

(3)深基坑安全防护应符合以下要求。

①深度超过2m的基坑施工,必须设有临边防护栏杆,基坑防护栏距坑边距离应大于0.5m。

②基坑深度超过5m的,必须有专项支护设计,支护设计方案必须经专家论证审查合格后采用。

③基坑施工应设置有效排水设施,并满足施工、防汛要求。

④深基础施工采用坑外降水的,应有防止邻近建筑危险沉降的有效措施。

⑤坑(槽)沟边1m以内不得堆土、堆料,不得停放机械。

⑥基坑内必须设置专用人员上下通道。

(4)作业区域应设置警戒设施及警示灯。

警戒设施的目的在于提醒作业人员所处作业区域存在危险,隔离或提醒作业人员远离危险区域。警戒设施和警示灯均应保持昼夜醒目。

(5)泥浆池应设置围护设施及安全警示标识(图5-3)。泥浆池安全防护应符合以下要求:

①钻孔泥浆池四周应设有明显的警示标识和防护围栏,并挂设安全网。对位于岸上的泥浆池,在桩基施工完成后,应及时做回填处理。

②对于已埋设护筒未开钻或已成桩护筒尚未拔除的,应加设护筒顶盖或铺设安全网遮罩。

③对夜间无照明设施的孔口及泥浆池,应在防护栏四周设置警示灯。

④钻孔中使用泥浆时,应设置泥浆循环净化系统。

图 5-3　桩基泥浆池采用预制条形基础和标准护栏围蔽

(6)围护设施应满足相应的防冲撞能力,安全警示标识均应确保昼夜醒目。

5.1.1　深基坑施工

(1)深基坑施工应编制专项施工方案,并应按审批过的方案开挖和支护。

按照《公路工程施工安全技术规范》(JTG F90—2015)对危险性较大基坑开挖、支护、降水工程的要求,深基坑是指开挖深度不小于 3m 的基坑或深度小于 3m 但地质条件和周边环境复杂的基坑。

施工项目应根据环境条件、地质条件、设计文件等基础性资料和相关工程建设标准,结合自身施工经验,针对各级风险工程编制施工安全专项方案,经施工单位技术负责人签认后,报监理审查。

深基坑的支护措施应根据水文、地质、开挖方式及施工环境条件等因素确定。深基坑施工安全风险较大,开挖和支护施工应严格按专项施工方案进行。

(2)基坑周围的机械设备和堆存的物料等距基坑边缘的距离应满足边坡稳定或设计的相关规定。

基坑周边 1m 范围内不得堆载、停放设备。顶面有动载的基坑,其边沿与动载之间应留有不小于 1m 宽的护道,动荷载较大时宜适当加宽护道;水文和地质条件较差时,应采取加固措施。

基坑施工期间,基坑周围的机械设备和堆存的物料对基坑边坡的稳定以及机械设备、堆存的物料和人员作业的安全会造成影响,这些施工荷载距基坑边缘的距离应满足设计和技术规范要求。

(3)基坑内上下交叉作业应采取安全防护措施,上下基坑应设安全通道。

基坑周边必须采取安全防护措施,深度超过 2m 的基坑施工必须设有临边防护栏杆,设置人员上下基坑专用的安全通道。

基坑工程应在四周设置高度大于0.15m的防水围挡,并应设置防护栏杆,防护栏杆埋深不应小于0.60m,高度宜为1.00~1.20m,栏杆柱距不得大于2.0m,距离坑边水平距离不得小于1m,并挂密目式安全网,靠近道路侧应设置安全警示标志和夜间警示灯带。

基坑四周每一边,应设置不少于2个人员上下坡道或爬梯,不得在坑壁上掏坑攀登上下。

采用围堰施工时可在围堰侧壁上设置固定式爬梯,必要时对上下通道的安全性进行验证。

(4)降排水系统应合理可靠。

基坑顶面应设置截排水沟,或四周设置高度大于0.15m的防水埝。多年冻土地基上开挖基坑,坑顶截水沟距基坑上边缘不得小于10m,排出水的位置应远离基坑。排水作业不得影响基坑安全,排水困难时,应采用水下挖基方法,并应保持基坑中原有水位。

排水沟和集水坑宜布置于地下结构外边距坡脚不小于0.5m。排水沟深度和宽度应根据基坑排水量确定,沟底宽不宜小于0.3m,坡度不宜小于0.1%;集水坑大小和数量应根据地下水量大小和积水面积确定,且直径(或宽度)不宜小于0.6m,其底面比排水沟沟底深不宜小于0.5m,间距不宜大于30m。

(5)深基坑边坡、支护结构、临时围堰等应进行沉降和位移监测。

对深基坑边坡、支护结构、临时围堰等进行沉降和位移监测是保障施工安全的重要手段,现场必须按照技术规范的规定,确定监测项目和控制指标,编制基坑安全监测方案,经评估和审批后实施。

深基坑开挖过程中应监测边坡的稳定性、支护结构的位移和应力、围堰及邻近建(构)筑物的沉降和位移、地下水位变化、基底隆起等项目。

基坑工程施工过程中应建立沉降和位移监测预警机制,当安全监测结果达到报警值后,应启动应急预案,组织专家会同基坑设计、监测、监理等单位,进行专门论证,查明原因后恢复施工。

(6)堆载安全间距及安全防护应符合设计或相关技术规程的规定。

支护结构施工与基坑开挖期间,支护结构达到设计强度要求前,严禁在设计预计的滑裂面范围内堆载;临时土石方的堆放应进行包括自身稳定性、邻近建筑物地基和基坑稳定性验算。

基坑周边1.2m范围内不得堆载,3m以内限制堆载,坑边严禁重型车辆通行。当支护设计中已考虑堆载和车辆运行时,必须按设计要求进行,严禁超载。

基坑堆载的安全距离受施工环境、水文、地质条件、开挖深度、开挖及支护方式、机械设备或堆载重量等因素影响,应通过计算确定或满足设计及技术规范要求。

5.1.2 人工挖孔桩安全管控

云茂项目人工挖孔桩共计 2493 根,主要分布在 TJ7、TJ8、TJ10、TJ11 等标段。已累计完成 2493 根,占比 100%,安全完成率为 100%。

根据人工挖孔桩的施工特点,在施工过程中极易发生物体打击及高空坠落等伤害。云茂公司以施工方案为基石,以安全标准化要求为抓手,严控人工挖孔桩安全管理。

(1)借助专家技术力量,把好施工方案关。

针对人工挖孔桩高风险的特点,云茂公司组织设计、监理、施工各方并邀请 5 名以上的技术、安全专家进行专项施工方案评审,确保方案符合有关标准规范,使安全施工条件满足现场实际情况,提高施工工效和安全性。同时在专项施工方案评审前还聘请有资质的第三方进行专项风险评估(图 5-4)。

图 5-4 人工挖孔桩施工方案评审

(2)强化事前风险控制,严格落实标准化要求(图 5-5)。

图 5-5 人工挖孔桩安全防护措施

云茂项目按照安全标准化要求，对每个孔严格落实 U 形防护、配备防坠器、气体检测仪、通风机等安全防护设施，在每个挖孔桩施工前，对其安全生产条件进行核查，对不满足安全要求的坚决不予开工，同时提出项目人工挖孔桩 6 项安全防护标准措施、固化 7 条施工安全标准化管控流程，切实保证施工安全。

人工挖孔桩主要依靠工人在孔内开挖、钻爆出渣成孔，土层挖孔由人工逐层用镐、锹进行，遇坚硬土层用锤、钎或空压机风镐破碎，若遇坚石则采用松动爆破施工，主要工艺流程如图 5-6 所示。

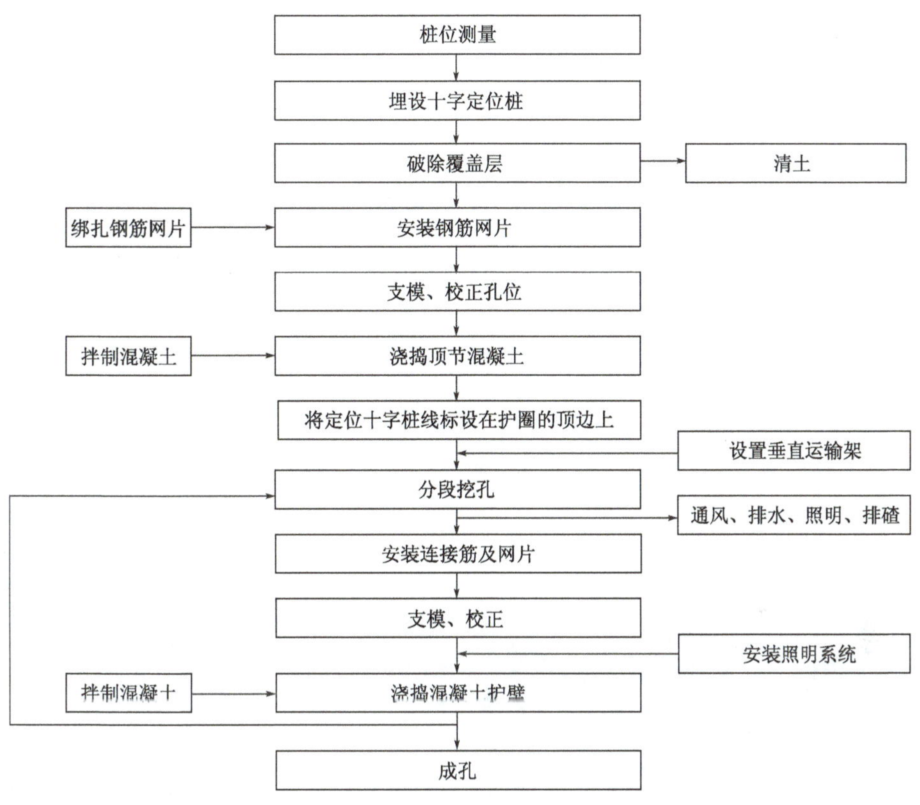

图 5-6 人工挖孔桩主要工艺流程图

分析图 5-6 所示挖孔桩工艺可知，分段成孔至护壁施工是挖孔桩最主要的施工循环，在此循环中，井下工人长时间处于密闭狭小作业环境，作业条件差、环境恶劣、劳动强度大，因此挖孔桩安全管理至关重要。

(3)施工安全标准化管控流程。

①人工挖孔桩开工前，根据地质、地下水情况编制专项施工方案，并组织专家进行论证、审查。

②组织相关人员进行三级安全技术交底，并对相关施工作业人员进行安全教育培训。

③施工作业人员进入施工现场，开始制作锁口，设置卷扬机以及设置安全防护设施，制

作完成后报安全部进行验收,在满足安全要求后方可进行开挖作业。

④在施工过程中,人工挖孔桩作业人员每天上班前由班组长或现场技术员组织对当班工人进行班前安全会,向工人交底当班作业中的安全注意事项以及常规的应急救援要点,并对每个作业人员的安全防护用品佩戴情况进行检查讲评。

⑤班组长在每日工人进入孔内施工作业前对现场安全防护、孔内气体检测以及卷扬机等进行安全检查,并填写人工挖孔桩安全检查表,确认无误后工人开始作业,由现场技术员和现场监理进行每日核查。

⑥当作业孔桩入岩需要爆破后,项目安排专职爆破作业人员指导作业工人钻炮眼,然后由专职爆破人员装药、警戒、爆破,装药过程中相邻孔桩停止作业并离开作业面,爆破结束后进行机械通风,通风超过 30min 后,用气体检测仪检测孔内气体,确认无误后继续作业。

⑦当班挖孔作业结束后进行班后安全会,由现场技术员或班组长组织,对当班作业中发现的问题进行总结,并检查作业人员是否按要求盖好孔盖,要求工人清理锁口附近弃渣及杂物,关闭电源,并进行记录。

(4)现场标准化防护固化措施。

人工挖孔桩孔口护壁高出地面 30cm 以上,井口硬化宽度不小于 60cm,孔口设置活动式 U 形护栏,护栏高度不小于 1.2m,采用红白相间钢管,挂过塑钢丝网,并设置相关的安全警示标牌(图 5-7)。

卷扬机配置有效可靠的限位器及防脱装置,并采取有效可靠的防倾覆措施,安全系数不小于 2(图 5-8)。

图 5-7　人工挖孔安全防护标准化

图 5-8　人工挖孔卷扬机防倾覆措施

现场配备气体浓度检测仪器用于检测孔内气体浓度,做好每日检测记录,配备专用通风软管(图 5-9)。

配备专用安全软爬梯,爬梯宽度 0.5m,步距 0.3m,承载力不小于 2000N,配置防坠器(图 5-10)。

图 5-9　人工挖孔通风措施

图 5-10　人工挖孔专用爬梯

当挖孔至 5m 以下时，在孔底面上 3m 左右处的护壁上设置半圆形防护板，防护板用木板或钢筋网，并固定牢靠（图 5-11）。

孔口覆盖采用钢筋网片，同时设置安全警示标志（图 5-12）。

图 5-11　人工挖孔半圆形防护板

图 5-12　人工挖孔孔口防护及警示

桩孔内设防水带罩灯照明，采用安全电压及防水绝缘电缆（图 5-13）。

图 5-13　人工挖孔专用电箱

5.2 墩台施工

5.2.1 施工安全要求

(1)高墩台施工应按审批过的专项施工方案实施。

高墩台施工应按审批过的方案实施,不得随意变更。如根据现场情况确需要变更的需重新审批和组织专家进行论证。

方案中应明确爬梯(电梯)、操作平台等安全防护设施的规格、设置形式及位置,并经受力检算合格,满足相关要求。

图 5-14 墩柱施工作业平台安全爬梯和作业平台

(2)墩台施工应搭设脚手架及安全作业平台,搭设及拆除时周边应设立警戒线(图 5-14)。

现浇墩、台身、盖梁施工应符合现行《公路工程施工安全技术规范》(JTG F90)的有关规定,脚手架及作业平台搭设牢固,不得与模板及其支撑体系联结。高处作业符合现行《建筑施工高处作业安全技术规范》(JGJ 80)的有关规定,高处作业下方警戒区设置应符合现行《高处作业分级》(GB 3608)的有关规定。

脚手架的强度、刚度和稳定性应能承受施工期间可能产生的各项荷载。搭设高度 24m 及以上的落地式钢管脚手架的钢管、扣件应进行抽样检测,脚手架设计计算应以钢管抽样检测的壁厚及力学性能为依据。不宜使用竹、木质脚手架。搭设场地应平整无杂物,并应设防、排水设施,遇洪水或大雨浸泡后,应重新检验脚手架基础,冻胀土基础应设防冻胀措施。

脚手架地基与基础应根据所受荷载、搭设高度、搭设场地等情况进行设计及验算。碗扣式、扣件式及门式脚手架搭设应分别符合现行《建筑施工碗扣式钢管脚手架安全技术规范》(JGJ 166)、《建筑施工扣件式钢管脚手架安全技术规范》(JGJ 130)及《建筑施工门式钢管脚手架安全技术规范》(JGJ 128)的相关规定。

脚手架作业层、斜道的栏杆和脚手板的搭设符合《公路工程施工安全技术规范》(JTG F90—2015)规定:防护栏杆应能承受 1000N 的可变荷载;防护栏杆下方有人员及车辆通行或作业的,应挂密目网封闭,防护栏杆下部应设置高度不小于 0.18m 的挡脚板;防护栏杆应由上、下两道横杆组成,上杆离地高度为1.2m,下杆离地高度应为0.6m;横杆长度大于2m时,应加设栏杆柱。脚手架的脚手板应满铺、固定,离结构物立面的距离不得大于0.15m,严禁出现探头板。

脚手架的拆除必须严格执行专项施工方案,拆除作业必须由上而下逐层进行,严禁上下层同时作业,连墙件必须随脚手架这层拆除,严禁提前拆除。

架子工应按照有关规定经专业机构培训,并应取得相应的从业资格。作业时应戴安全帽、穿防滑鞋、系安全带。

脚手架及安全作业平台搭设、拆除时应安排专人值守,周边应设立警戒线。

(3)墩台作业应设置人员上下专用通道并满足使用安全。不得使用塔式起重机、汽车式起重机载人上下。

高处作业上下通道应根据现场情况选用钢斜梯、钢直梯、人行塔梯,各类梯子安装应牢固可靠。具体要求详见《公路工程施工安全技术规范》(JTG F90—2015)相关要求。

根据工程实际,5m以下的高空作业,可采用带防护笼的直爬梯;5~40m的高处作业时,应设置之字形人行斜梯。

严禁使用各种起重机械吊人。

作业通道应经过专门设计和检算,并有相应的防倾覆措施。

(4)墩身或塔身高度超过40m的桥梁应安装附着式电梯,出入口应设置防护设施。

墩身、采用现浇或悬浇的桥梁上部构造高度超过40m的宜安装附着式施工电梯。各种升降电梯、吊笼等升降设备,必须有可靠的安全装置。电梯司机应按照有关规定经过专门培训,并取得相应资格证书。

施工电梯的作业人员通道处于坠落半径内或处于起重机起重臂回转范围内时,应设置防护棚及出入口防护通道。防护棚的长度应大于墩台高处自由坠落的防护半径。

(5)模板支撑系统的强度、刚度、稳定性应符合相关规定,支撑材料进场验收数据应真实、记录齐全。

模板及配件进场应有出厂合格证或当年的检验报告,安装前应对立柱、扣件、楞、梁、吊环等材质进行检查,不符合要求不得使用。

模板支撑系统应附有受力计算书、主要节点构造详图等。安装完毕后,应组织进行检查验收。

支架、模板的强度、刚度、稳定性,应按照现行《公路桥涵施工技术规范》(JTG/T F50)设计并验算,水中支架基础应考虑水流冲刷的影响。支架周转材料使用前应按照现行《建筑施工碗扣式钢管脚手架安全技术规范》(JGJ 166)、《建筑施工扣件式钢管脚手架安全技术规范》(JGJ 130)等要求检查,达不到设计要求的不得使用。

5.2.2 高墩作业安全管理

云茂高速公路属于典型的山区高速公路，所处路段地形复杂、高差大，全线最高墩近百米高，其中空心薄壁墩共计 414 个。

根据高空高墩作业特点，在施工过程中极易发生高处坠落、物体打击等伤害。针对墩柱、盖梁、连续钢构施工全面铺开的实际情况，云茂项目严控高墩施工和高空作业，规范高空作业防护设施，确保作业安全。

(1)钢筋绑扎平台(图 5-15、图 5-16)。

图 5-15　高墩施工钢筋绑扎平台

图 5-16　高墩施工安全操作平台

钢筋绑扎平台根据空心墩尺寸自行加工进行加工，设置 1.5m 的防护栏杆、30cm 踢脚板，并设置过塑钢丝网进行防护。钢筋绑扎平台统一刷红白相间的油漆作为安全警示。绑扎作业平台分为 3 层，平台适当位置预留人洞，并设置直爬梯工人员上下。施工人员上下配合作业，效率高、安全可靠。

模板施工平台与模板连接成整体，不需要拆卸，有效地避免了在施工过程中模板拆卸安装时的损坏，模板上加工安装竖向爬梯并加设背筐，能够有效地防止高空作业人员发生高处坠落的情况，同时平台边缘侧有30cm踢脚板，悬挂相关安全警示标志，模板平台踏板采用防滑板，能有效保证在平台上作业人员的安全，模板间的平台接缝处采用防滑板连接，内侧设置10cm挡板，保证模板平台的整体性，无空洞，可有效地防止平台上的物体坠落伤人。模板施工平台和钢筋绑扎平台护栏均采用过塑铁丝网进行防护，能够有效地保证护栏安全网的整体性，与普通密目安全网相比，使用寿命更长，安全性能更高。

(2)全面推广装配式盖梁操作平台(图5-17)。

图5-17　装配式盖梁作业平台

装配式盖梁操作平台与传统工艺制作的盖梁作业平台相比，装配式盖梁作业平台由拼装式构件组成，增强了盖梁作业平台的本质安全性。平台四周设置钢板网，防护强度高，操作平台与上下爬梯之间自由衔接，作业人员进出平台更加安全、方便，提高了安全保证能力。

(3)40m以上高墩及挂篮施工实施全覆盖视频监控管理。

高墩施工现场具有施工地点分散、人员流动频繁、空间大、进出场通道较多；挂篮施工场地狭窄、上下困难、承重结构风险大，无法纯粹地靠人员巡防和盯守来管理工地、各级管理人员经常移动办公等特点，因此要求可以在任意时间和地点随时打开任意前端的实时图像，以便及时掌控施工现场的施工进度、安全管理和施工工艺等现场情况。

对全线40m以上高墩及挂篮作业区等高墩群区域的施工点设置全覆盖视频监控，管理人员可通过移动客户端APP，远程查看施工现场情况，直接发现问题、及时落实整改，提高高墩施工作业安全管理效能。

利用视频监控系统对施工现场安全设施、安全标识、临建搭设以及现场作业情况进行监控，通过远程可视化管理措施，借以促进和提高安全文明施工的管理效果，有效地加强了对施工现场的监管，规范了现场作业行为，促进了文明施工，提高了安全和管理水平(图5-18)。

(4)高空作业无悬挂点，严格落实安全“生命线”设置。

由于盖梁施工与支架搭设施工需要在高处作业，作业人员在盖梁或支架上行走、操作时,面临高坠安全风险。云茂项目采取临时安装钢丝绳(生命线)在盖梁与支架作业面上,作业人员将身上佩带的安全带扣在与钢丝绳(生命线)连接的防坠器上,确保作业人员在无任何安全防护的情况下,不会坠落到地面(图 5-19)。

图 5-18　高墩施工视频监控

图 5-19　盖梁垫石施工安全“生命线”

5.2.3　液压爬模

液压自爬模的动力来源是本身自带的液压顶升系统,液压顶升系统包括液压油缸和上下换向盒,换向盒可控制提升导轨或提升架体,通过液压系统可使模板架体与导轨间形成互爬,从而使液压自爬模稳步向上爬升,液压自爬模在施工过程中不需要其他起重设备,操作方便,爬升速度快,安全系数高,液压爬模施工是高桥墩施工的理想工艺(图 5-20)。液压自爬模主要分为:上架体、下架体、模板后移装置、模板以及防护平台等设施。主要分为模板系统、支架系统、预埋件系统、液压系统四部分。

液压爬模模板配置:单墩外模配置 4 块大模板,角部使用 4 块 $R = 200\text{mm}$ 圆弧钢角模,内模使用 4 块大模板加上 4 块角模。本工程爬模体系采用木工字梁体系大模板,标准节段浇筑高度 6.0m，模板设计高度 6.18m，其中模板下包已浇混凝土面 100mm 以上，保证浇筑质量，模板上口挑出 80mm，防止水泥浆外溢；外模面板采用进口 18mm WISA 面板，周转次数 50 次以上；内模采用国产优质 18mm 面板。

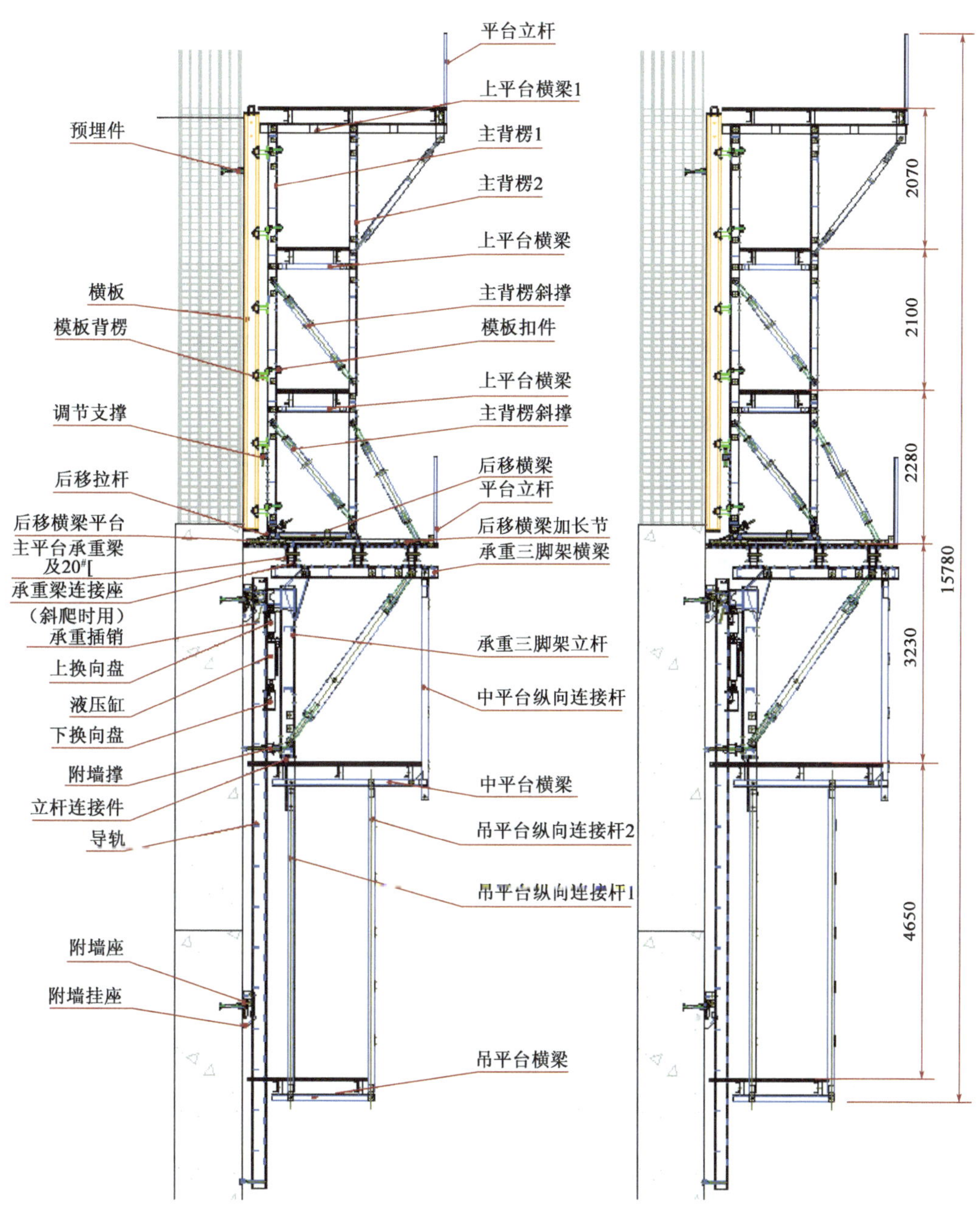

图 5-20 液压爬模结构图

液压爬模 ZPM-100 架体设计：根据主墩结构特点，单墩共布置 8 套爬升设备，爬升轨迹为垂直向上爬升。架体由承重三脚架、后移装置、中平台、吊平台、导轨、附墙装置、主背楞组成。预埋件系统组成：埋件板、高强螺杆、受力螺栓、爬锥。液压系统主要有液压泵站控制台、液压油缸、调速阀、胶管、液压阀和配电装置。

墩身施工前，首先在墩位附近平整场地，然后在模板厂技术员的指导下进行模板拼装。使用独立的钢筋绑扎作业平台进行钢筋绑扎作业，待墩身钢筋绑扎完成后，在塔式起重机的配合下，完成模板拼装，并预埋爬架锥形螺母预埋件。首节浇筑完成，模板拆除后安装爬架，爬架随墩身升高而同步提升，作为钢筋绑扎平台、模板的支撑平台。为保证空心薄壁墩内仓施工安全，同时在内仓设置井筒平台，跟随悬臂外模板同步提升安装。墩身施工采用爬模法，模板一层为一单元，每层高 4.65m，每次浇筑 4.5m，混凝土浇筑完成后，待混凝土强度达到要求后，拆除模板并提升爬架，以此类推，循环施工，直至桥墩施工完毕，如图 5-21 所示。

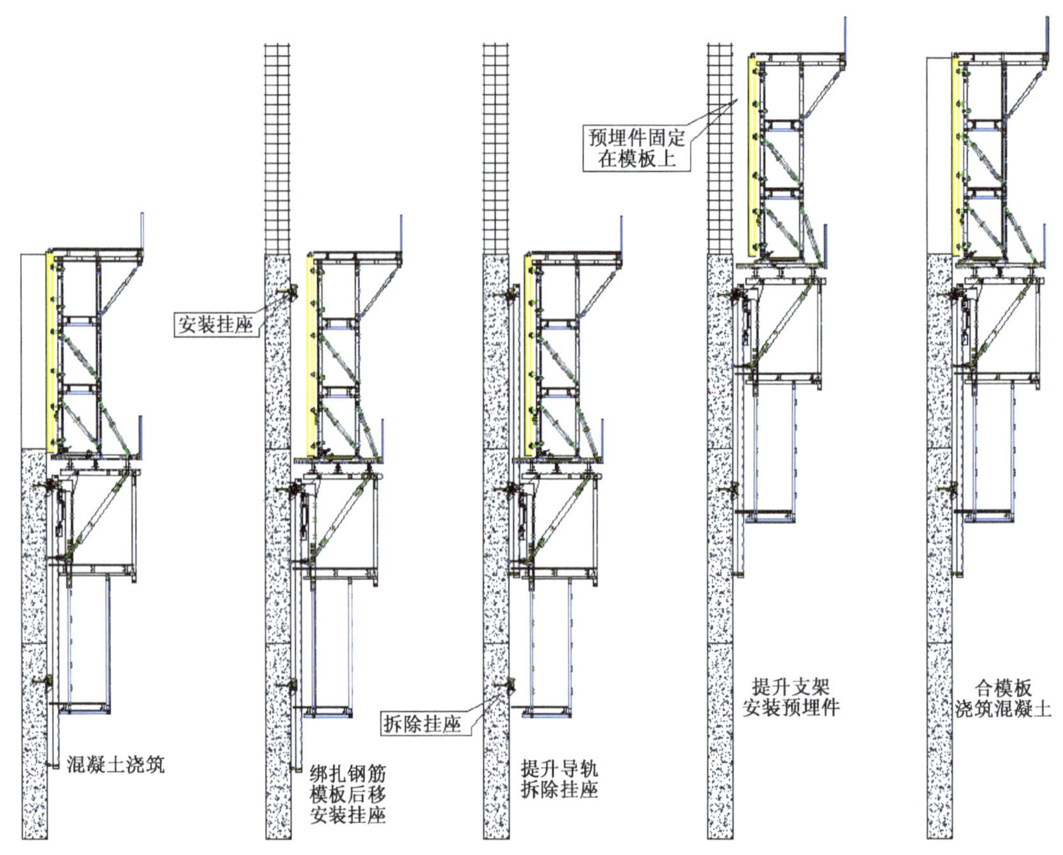

图 5-21 爬模爬升流程图

每次爬升定位后，现场安全员和监理员对作业平台和模板的安全性能进行检查，检查验收后方可进行下一步施工。

在云茂高速公路平塘特大桥主墩施工中，成功采用液压爬模进行施工，确保了工程质量、安全和施工进度（图 5-22）。在施工过程中，不需要另外搭设支架，节省材料，循环利用，在绿色施工方面起到了带头作用，同时也取得了良好的经济效益。在以后的山区高墩施工中，液压爬模施工将是高墩施工的理想工艺。多层加宽平台保证了施工人员的作业安全；自动液压爬升系统不仅减少了塔式起重机的使用，而且加快了施工进度；墩身的外观平整以及线形美观，值得以后山区高速公路桥梁施工借鉴。

图 5-22 施工现场液压爬模

5.2.4 翻模

以往高墩施工采用传统的简易翻模作业平台施工方案，简易翻模作业平台焊接在模板外侧，而模板承载有限，因此平台空间狭小不便操作，并且模板拆装易损坏平台，最重要的是平台与模板相连，钢筋、模板安装存在很大的质量、安全隐患。因此，综合考虑施工质量、安全、工期等多种因素，对空心薄壁高墩采用悬臂式轻型爬架与翻模相结合的方法进行施工，既能方便操作，同时又能确保施工安全。其最大的特点是，拥有完全独立的施工操作平台，平台随着作业面的升高而提升。可为施工质量控制提供良好的平台，起到了安全促质量的作用。

1）施工前安全要求

翻模施工前应对施工方案、作业人员资质、设备检测、试拼情况，以及施工作业平台、通道等进行检查，确认符合要求方可进行施工（图 5-23、图 5-24）。安全检查要点如下：

方案及设计文件齐全（包括翻模设计图、方案说明及结构受力计算书），经施工企业技术负责人审查签认和总监办审查通过。

施工作业人员身体条件符合要求；培训、交底到位，熟悉操作规程，各项防护设施齐全。

机具设备等具备生产厂家相关检验合格证书，试拼符合方案要求；结构混凝土强度达到翻模安装要求的设计强度。

图 5-23　轻型爬架翻模施工

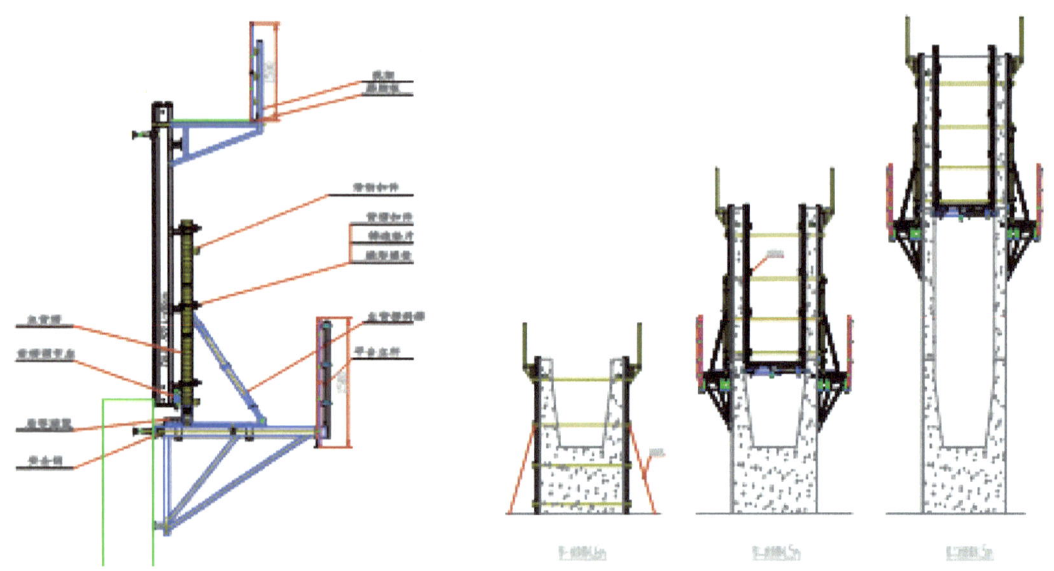

图 5-24　悬臂模板施工工艺流程

作业空间符合施工和通行要求、稳定、与结构预埋件连接牢固、平台板满铺并固定、有防滑措施、安全防护栏杆及安全防护网符合要求。专人指挥(固定)、专人操作(固定),通信信息清晰、统一、规范。施工作业区已设置警戒、警示,提示标牌齐全,并有专人值守。

2)施工过程中安全要求

拆除前检查上节模板的锚固情况,螺杆无变形、松动。

拆除时须用手拉葫芦将各分块模板临时吊挂在上一节未拆除的模板稳定挂点上,逐块拆除提升安装就位。安装前墩身钢筋须安装完毕。

模板固定前须用手拉葫芦吊挂固定在已安装的钢筋外侧,并临时固定,连接螺栓和对拉杆安装牢固;连接螺栓应装满所有螺栓孔,螺母端应交替布置。

各分节模板安装固定后,各层的工作平台须重新连接,确保稳固,梯子及临边防护、安全网等同步安装到位。

尽量避免交叉作业,无法避免时,须做到防护措施到位,经现场安全、技术人员检查同意,并对各层作业人员交底。

平台需设限载标示,实际荷载不得超过设计值,堆积物不得集中堆放,并采取防风固定措施,及时清理,尽量减小平台荷载。已承受荷载的支架和附件,不得随意拆除或移动。

3)翻模拆除安全要求

天气状况正常(风力小于6级、无大雾、无雷雨、光线充足等)。施工作业区警戒、警示、提示标牌设置齐全,并有专人值守。模板与墩身的连接锚固已解除。

平台上的物品应移开,垃圾及混凝土渣等应清理干净。平台联系已解除,支架平台稳固。模板应分节段,分块进行拆除。

模板连接拆除前应先采用手拉葫芦将模板上端锚挂在墩顶的钢筋上。操作人员安全防护措施到位。

已拆除的模板、拉杆、支撑等及时运走或是妥善堆放。模板拆除后,应将已活动的模板、拉杆、支撑等临时固定牢固。

5.2.5 施工电梯

电梯应在每班作业使用前进行空载及满载试运行,将电梯笼升离地面1~2m后停车,检查各项制动装置的可靠性,确认正常后方可使用(图5-25)。

图5-25 施工电梯

电梯笼乘人载物时应使荷载均匀分布,每次承载人员不得超过额定人数且不得超过9人,禁止人货混装,严禁超载使用。

电梯运行至最顶层或最底层时仍须操作按钮控制,严禁以行程限位开关自动碰撞的方法停车。

每天作业完成后,作业人员须将电梯笼落至底层,将各控制开关拨回到零位,切断电源,开关箱上锁关门,锁好电梯笼门和防护门。

施工电梯操作人员在每天上班前和换班前,应按照使用说明书以及相关检查表对电梯进行日常检查,发现问题及时停止使用,并做好维修保养记录。

施工单位应每月不少于1次组织专业技术人员对施工电梯进行全面检查、维修保养,并保留检查记录。

严禁在电梯运行过程中进行维修、保养作业。

大雨、大雾、六级及以上大风天气,不得使用外用施工电梯,并将梯笼降到底层,切断电源。暴风雨等恶劣天气过后,应对电梯各安全装置进行全面检查,确认一切安全有效后方可使用。

严禁在电梯井架、支撑上设置缆绳、标语等。

5.2.6 爬梯

1)一般要求

(1)人行爬梯宜采用专业厂家生产的定型产品。高度较小时可搭设斜道,当高度小于5m时,宜采用一字形;当大于或等于5m时,宜采用之字形。

(2)梯笼中梯道宽度不得小于0.9m,坡度不得大于1:1,节段高度不得大于2.5m。

(3)梯笼投入使用前应进行验收,按规定设置双层防坠立网,立网材料宜选用过塑钢丝网;梯笼仅供人员上下使用,不得用作材料运输通道。

(4)斜道楼梯步距应保持一致,横杆和立杆外露长度不得超过100mm。

(5)斜道宽度和休息平台宽度应不小于1m,坡度保持在30°~45°,斜道应满铺脚手板。

2)安全设施

(1)梯笼高度达到5m时,须设置连墙件;超过5m时,每隔5m处及顶端应设置一道与立柱等构筑物连接的水平加强件。距立柱等构筑物较远时,应增加缆风绳或抛撑加固,抛撑、缆风绳及地锚应有警示标识。

(2)斜道两侧应设置防护栏杆和挡脚板。

(3)斜道外侧宜挂过塑钢丝网封闭。斜道每两步距加设水平斜杆,侧立面应连续设置剪刀撑。

(4)斜道应附着外脚手架或建筑物设置,斜道两端、平台外围和端部应按照《建筑施工扣件式钢管脚手架安全技术规范》(JGJ 130—2011)6.4的规定设置连墙件。

3)高墩施工制式安全爬梯

高墩施工制式安全爬梯是从澳大利亚引进的系统脚手架,主要构件为立杆、横杆和斜杆,横杆插头与立杆接触的范围大,具有非常大的夹紧力和稳定性,脚手架整体在三维空间结构强度高、整体稳定性好并具有可靠的自锁性能,能有效地提高脚手架的整架稳定强度和安全度,并能更好地满足施工安全的需要(图5-26)。

图5-26　高墩施工制式安全爬梯

4)十字方管爬梯

十字方管爬梯采用国标钢材制作,结构稳设计合理,安装拆卸快速便捷,可重复利用;为施工作业人员提供安全、舒适、便捷的上下通道。爬梯布置在承台外侧,底部浇筑混凝土,确保爬梯基础稳定性。爬梯入口处设置相应的安全警示标志;安全爬梯每不小于6m设置一道扶墙杆;十字方管爬梯相对于香蕉式爬梯结构更为稳定,自带安全网,可重复利用,避免了安全网更换,节约经费,并且外表美观,体现了标准化的施工形象(图5-27)。

图5-27　高墩施工十字方管爬梯

5.3 上部结构施工

5.3.1 施工要求

(1)桥梁上部结构施工应按审批过的专项施工方案实施。

施工单位应严格按照批复的方案施工,严禁擅自修改、调整专项施工方案,如因设计、结构、外部环境等因素发生变化确需修改的,修改后应重新审核、批准、论证。

(2)满堂支撑架应经过安全验算,并应按规定进行预压试验。基础承载力应满足荷载与规范要求,并应按规定进行检测,检测记录数据应真实、签字齐全。

支架基础应根据所受荷载、搭设高度、搭设场地地质等情况进行设计及验算,施工后进行检查验收。

支架基础的场地应设排水措施,遇洪水或大雨浸泡后,应重新检验支架基础、验算支架受力。冻胀土基础应有防冻胀措施。

支架在安装完成后应检查验收,使用前应预压。预压荷载应为支架需承受全部荷载的1.05~1.10倍。预压加载、卸载应按预压方案要求实施,使用沙(土)袋预压时应采取防雨措施。

(3)挂篮应经设计和安全验算,按方案组拼后,应进行全面检查,并应按相关规定进行预压试验。

挂篮系统应经有资质的单位设计、制作,加工完成后应进行试拼装。现场组拼后,应检查验收,并应按方案进行预压试验。

挂篮行走滑道铺设应平顺,锚固应稳定。行走前应检查行走系统、吊挂系统、模板系统等。挂篮应在混凝土强度符合要求后移动,墩两侧挂篮应对称平稳移动,就位后应立即锁定。

挂篮每次移动后,应经检查验收。雨雪天或风力超过挂篮设计移动风力时,不得移动挂篮。

(4)梁板吊装时应设立警戒区,就位后应及时进行稳固。

梁板安装及架桥机移动过孔期间,作业现场应设置维护设施及警示标识,作业区域下方应设置警戒区,并严格执行起重吊装作业“十不准”规定。

就位后的梁、板应及时固定,T形梁、I形梁应与先安装的构件形成横向连接。

(5)桥面系施工临边及孔洞应设置安全防护栏杆、安全网及安全警示标识(图5-28)。

图 5-28 桥面安全防护

桥面施工前,在梁面两侧应设置防护栏杆,应满足强度要求,并挂设安全网。栏杆立柱的固定及其与横杆的连接应牢固。在湿接缝、检查孔等位置设置防护网(板)。在无条件防护情况下的高空作业,应采用钢索为悬挂安全带和行走扶手。

桥梁等长距离的临边防护警示标识设置的距离不大于 50m。

桥面系下方有道路、航道、铁路时,所设置的防护网(板)及围护设施应严密并满足相关要求。

(6)龙门式起重机、架桥机等特种设备应取得安全使用登记证书。限位、防溜逸等设施应齐全、有效。

特种设备安装后经检测合格、取得使用登记证后方可使用。

使用过程中应按规定对特种设备进行检查、维修、保养,并予以记录。

特种设备限位装置、夹轨器、铁鞋等防溜逸设施应经常检查、及时维修,保证其齐全并能有效工作。

(7)梁板张拉作业应符合相关规定。

梁板两端的张拉作业区必须设置钢板防护设施,禁止非操作人员进入(图 5-29、图 5-30)。

图 5-29 预应力张拉操作

图 5-30 预应力张拉挡板

预应力筋张拉时，千斤顶顶面必须与构件张拉口紧贴。测量拉伸长度或加楔、拧紧螺栓时，应站在预应力筋的两侧操作，并停止卷扬机或千斤顶拉伸操作。

针对梁场箱梁预应力张拉作业中易出现安全隐患施工的部位，结合箱梁预应力张拉工程特点，为保障预应力张拉作业班组人员安全，云茂项目对比以往施工经验和防护要求，以“张拉一片、防护一片原则”为准则，重点关注梁场预应力张拉安全防护，制作预应力张拉安全防护车，选用钢板做四周防护加强其安全性，底部设置万向轮方便作业人员张拉完成后周转施工（图 5-31）。可有效提高工作效率，确保后续箱梁预应力张拉施工作业安全。

图 5-31　预应力张拉安全防护车

预应力钢绞线张拉时，操作应平稳、均匀，张拉端的正面不得站人。

采用延伸率控制时，应设置限位标识。

5.3.2　挂篮

1）一般要求

（1）挂篮制作加工完成后应进行试拼装，现场安装完成后须做静载试验，验收合格方可使用。

（2）挂篮行走应以千斤顶或者倒链做动力，严禁使用卷扬机钢丝绳牵引。

（3）同一 T 构两套挂篮推进应严格同步，以确保结构安全。

（4）挂篮后锚系统所用的精轧螺纹钢，安装时须竖直受力，不得倾斜产生弯折；精轧螺纹钢用连接器连接时，接长端应用油漆画出 1/2 连接器长度，确保两根精轧螺纹钢的端头在连接器内的长度一致。

（5）每套挂篮都应配备消防器材，以防电焊作业引燃防雨、防晒篷布和安全网等，电焊作业时，焊把线与焊接地线必须同步引至施焊部位。

（6）严禁使用精轧螺纹钢作为悬挂吊带，应使用钢板吊带。

(7)挂篮应设置防雷接地导线,防止雷击事故发生。

(8)移篮过程中施工技术人员、安全管理员应现场监护。

2)安全设施

(1)所有悬挂吊带、斜拉吊带均不得采用精轧螺纹钢,所有后锚杆要求全部配置锚垫板并套双螺母保险。

(2)挂篮的支承平台应有足够的平面尺寸,能满足梁段现场施工作业的需要,临边应设安全防护网,做到上、下施工范围全封闭。

(3)挂篮模板的制作与安装应准确、牢固,后吊杆和下限位拉杆孔道应按设计尺寸、位置预留。

(4)挂篮跨线施工时,应采取防落物措施,如底篮及侧面全封闭或设安全防护棚。

5.3.3 满堂支架

(1)满堂支架应优先选用碗扣式、盘扣式、扣件式钢管支架等定型产品,不得使用门式支架搭设。

(2)支架基础施工前,应根据现场实际情况采取针对性的措施处理地基,特别注意对软基地段的地基处理,地基处理后经检测承载力符合方案要求后可进行混凝土基础施工。

(3)支架基础宜采用C20厚度不少于10cm的混凝土,并高于周边地表20~30cm,基础四周须设置排水沟,并保证排水畅通。基础经检验合格后进行支架搭建。立杆下应设置厚度不小于5cm垫板,基础宽度须伸出翼板边缘外侧不小于50cm。

(4)支架经验收合格后,严格按照批准的专项施工方案确定的分级加载程序、荷载分布和加载量进行预压,最终荷载宜为支架需承受全部荷载的1.05~1.10倍。预压加载宜采用混凝土预制块,使用沙(土)袋预压时应采取防雨措施。预压前、预压过程中和卸载后,应严格按照专项施工方案要求的观测断面、观测点、观测频率进行观测。发现明显危险征兆时,应及时撤离现场人员。其他要求应参照现行《钢管满堂支架预压技术规程》(JGJ/T 194)相关规定。

(5)可调底座及可调托撑丝杆与调节螺母的啮合长度不得少于6扣,插入立杆内的长度≥150mm,托撑伸出长度宜≤300mm。底座和托撑应密贴地面或楞梁,不得悬空或托空。

(6)应根据所承受的荷载组合计算确定立杆间距和步距,且扣件式支架立杆间距应≤1.5m,碗扣式支架立杆间距应≤1.2m。

(7)扣件式支架立杆接头应采用对接扣件连接,相邻两根立杆的接头不得设置在同一步距内,且接头沿竖向错开的距离宜≥500mm,各接头中心距主节点不宜大于步距的1/3。横杆位置与立杆接头中心的垂直距离应 <150mm。

(8)支架高度较高时,立杆底部应设置可调底座或固定底座;立杆上端包括可调螺杆伸出顶层水平杆的长度应≤0.7m;立杆的垂直偏差不得大于架高的1/300,且不得超过100mm。当搭设到墩顶时,内排立杆应低于墩身40~50cm,外排立杆应高出墩身顶1~1.5m。

(9)当混凝土龄期和强度满足规范或设计要求后,方可进行模板、支架的拆除。

(10)模板应按顺序分段拆除码放,不得硬砸、硬撬或用机械大面积拉倒。钢模板应用绳索拉住或用起吊设备拉紧,起吊前人员要撤离到安全位置,然后缓慢送下。中途停歇时,应将已松扣或已拆松的模板、梁、杆等拆下运走。

(11)支架应自上而下逐层拆除,不得上下交叉作业。剪刀撑和连墙件应随架体逐层拆除。拆除的管件、脚手板等应采用人工传递或起重机吊运,不得随意抛掷。

(12)临时用电线路在架体的架设、接地、避雷、与架空输电线路的安全距离等,应符合现行《施工现场临时用电安全技术规范》(JGJ 46)的有关规定。

5.3.4 支架脚手架

(1)承重支架搭设和拆除应制定专项施工方案,并按审批过的方案进行安装与拆除。承重支架搭设后应按规定组织验收,验收通过后应挂牌告知。

承重支架属于《公路工程施工安全技术规范》(JTG F90—2015)附录A所列的危险性较大的大型临时工程,应按规定编制专项施工方案,并附具安全验算结果,或组织专家进行论证、审查。

搭设或拆除支架脚手架前应将专项施工方案向施工作业人员进行交底。施工现场搭设、拆除脚手架必须严格按方案和交底实施,并符合现行《公路工程施工安全技术规范》(JTG F90)的规定。现场严禁擅自变更方案进行施工。

支架脚手架拆除前应制定安全措施,自上而下拆除,不得上下双层同时作业。

支架在安装完成后应由施工、监理单位按照扣件式、门式、碗扣式、承插型盘扣式等类型的钢管脚手架安全技术系列规范的规定进行检查验收,验收合格才可投入使用。

支架的验收状态应挂牌公告和标识,严禁使用未经验收的支架。

(2)支架和脚手架基础应满足承载力要求,周边应有防排水设施。

由于满堂支架及基础承受的施工荷载较大,为检验支架搭设范围内基础的承载能力和沉降状况,确保支架预压时支架基础不失稳,防止支架基础沉降导致现浇混凝土结构开裂,应对支架基础进行加载预压。支架基础预压应符合现行《钢管满堂支架预压技术规程》

(JGJ/T 194)的规定,满足架体及构造物荷载要求。

支架脚手架地基与基础应按施工方案要求进行处理,场地平整,排水畅通。遇洪水或大雨浸泡后,应重新检验脚手架基础。冻胀土基础应设防冻胀措施。

(3)搭设支架和脚手架的材料应有出厂合格证明,并按规定进行抽检。

支架、脚手架的钢管、扣件、冲压钢脚手板、可调托撑等材料应使用有生产资质的厂家的合格产品,具有产品质量合格证。

钢管锈蚀检查应每年一次。扣件在使用前应逐个挑选,有裂缝、变形、螺栓出现滑丝的严禁使用。新旧扣件、钢脚手板均应进行防锈处理。严禁使用有裂缝的可调托撑及螺母。

搭设高度24m及以上的落地式钢管脚手架的钢管、扣件应进行抽样检测,符合现行《钢管脚手架扣件》(GB 15831)、《碗扣式钢管脚手架构件》(GB 24911)等规定。脚手架设计计算应以钢管抽样检测的壁厚及力学性能为依据。

(4)搭设高度大于10m的脚手架应设置缆风绳等防倾覆措施。

脚手架搭设高度超过10m在施工荷载与风荷载共同作用下容易失稳,应根据现场情况设置连墙件或缆风绳等防倾覆措施。

连墙件或缆风绳应根据现场情况进行受力验算,地锚、连墙件及缆风绳设置应满足施工方案要求。

缆风绳与地面的夹角应在30°~45°之间。缆风绳不得与供电线路接触,在靠近电线附近,应装设由绝缘材料制作的护线架。施工期间应经常检查地锚有无出现松动。支架每使用一段时间后或大雨后,应对缆风绳、地锚等进行详细检查,发现有摆动、损坏等不正常情况时,应立即处理解决。缆风绳钢绳直径不宜小于6mm。

(5)其他要求。

①地基应坚实、平整,基础应硬化,周边做好排水设施,并经常检查。

②立杆不埋设时,每根立杆底部应设置垫板和底座,并设置纵、横向扫地杆。纵向扫地杆应采用直角扣件固定在距底座上面≤200mm处的立杆上。横向扫地杆应采用直角扣件固定在紧靠纵向扫地杆下方的立杆上。

③钢管脚手架横杆上下步距应≤2m,脚手架立杆横距应≤1.5m,纵距应≤1.8m.钢管脚手架连接时应使用扣件,螺栓应紧固。相邻管件接头应错开,立杆底端须使用立杆底座。

④脚手板必须铺满,并固定在脚手架的支撑上,无探头板、有坡度的脚手板应加设防滑木条或采取其他防滑措施。脚手架的任何部分均不得与模板支撑体系相联。

⑤不得将模板支架、缆风绳、泵送混凝土和砂浆的输送管等固定在脚手架上;不应悬挂手拉葫芦等起重设备。

⑥脚手架高度在10～15m时应设置一组缆风绳，每组4～6根，每增高10m加设一组，缆风绳的地锚应牢固，并有警示标识。应用连墙件将立杆与建筑物可靠连接，高度超过20m时，每隔4m应设置连墙件。

⑦脚手架操作平台外侧应按规定采用密目式安全立网封闭，施工层内侧每隔5m设置一道水平安全网，并应设置高度不低于180mm的挡脚板。

⑧在外立面设置连续剪刀撑时，应用旋转扣件将水平杆外端和立杆连接，确保架体稳定。

5.3.5 桥面系高空作业平台

在梁板安装就位后，需要对梁与梁之间的横隔板进行连接施工，同时在T梁安装就位后，需要对其负弯矩区进行预应力筋安装及张拉施工。由于项目穿越山岭重丘区，墩身高度均较高，高空作业安全风险大。为进一步提高了该项作业的安全性，通过对全线横隔板施工及T梁负弯矩预应力筋安装及张拉作业平台进行摸查，并召集相关单位进行研讨后，从材料选择、尺寸及防护措施对桥面系高空作业平台进行统一规范，有效防范了安全事故的发生（图5-32）。

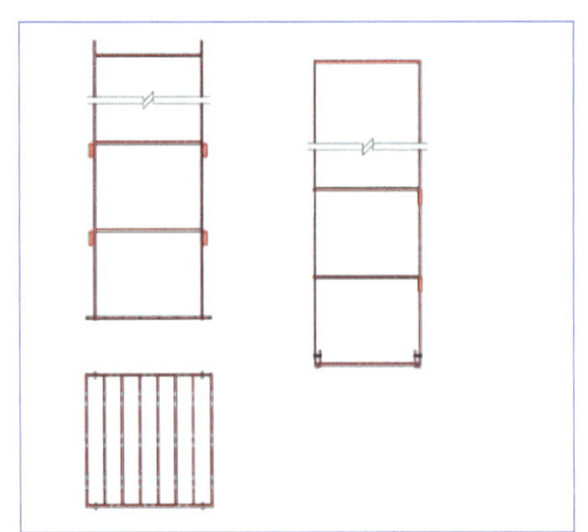

图5-32　桥面系高空作业平台

防撞护栏施工作业平台为自加工，采用钢筋制作，目的是规范防撞护栏施工，加强施工安全，特别是防撞护栏施工时混凝土浇筑施工过程中提供安全保障。在防撞护栏外侧模板上加装使用钢筋制作的施工平台，采用ϕ25钢筋制作，整体高120cm，平台宽度50cm，长度根据模板长度调节，单节长度为4.8m，平台走道分上下两层钢筋，按间隔20cm布置密铺，再加铺木模板。平台四周使用绿色硬塑防护网环绕，设置踢脚板，挂设安全标识牌。施工平台制作时重点注重焊接的牢固，保证施工平台使用时的安全系数（图5-33、图5-34）。

图5-33　防撞护栏施工平台

图5-34　内侧防撞护栏装修作业平台

桥下排水施工作业平台为自加工，采用钢筋制作，目的是为了在保证施工作业安全的前提下，降低施工作业成本，提高施工作业效率(图5-35)。桥下排水施工作业平台主要采用ϕ25钢筋制作。上部反扣防撞护栏部分高130cm，下部操作平台高170cm，整体高度300cm，并使用钢筋焊接而成的上下楼梯通道，与防撞护栏接触的位置使用滑轮组；下部操作平台底部大小为50cm×100cm，再按间隔20cm横竖布置焊接钢筋，四周用钢筋焊接而成的防坠护栏，高度为120cm，并用绿色硬塑防护网环绕，设置踢脚板，挂设安全标识牌。施工平台制作时重点注重焊接的牢固，保证施工平台使用时的安全系数。

图5-35　桥下排水安装操作平台

5.3.6　跨路、跨线桥施工

跨路、跨线施工前应编制专项施工方案、交通疏导方案，组织安全评价，由施工企业技术负责人审核并组织专家论证审查，按照专家意见修改完善，经有关管理部门批准，再由总监理工程师批复同意后实施。实施前应进行公告。

跨路、跨线施工应尽可能封闭下方道路，为行人和车辆开辟新的临时道路。在无法封闭下方道路的情况下，应搭设跨线桥梁安全防护棚。在公路或铁路上空进行桥梁吊装时，应临时中断交通。

跨通航水域施工时，应设置号灯、号型，根据通行情况设置防撞设施。

在路基附近挖掘、钻孔时不得影响路基结构安全，不得损坏各种信号、通信设施，不得影响行车瞭望视线。

现场作业车辆、机械必须配备作业警示灯，现场作业人员须穿戴反光衣。

跨线作业交通安全标志应按照现行《道路作业交通安全标志》(GA 182)规定设置。

应按照现行《道路交通标志和标线　第2部分：道路交通标志》(GB 5768.2)的规定及交通管理部门的要求，在通车门洞前后10m外各搭设一座门式限高架(限高4.5m)，具体方案应得到公路管理机构交通管理部门核准。采用组合桁架梁搭设时，应贴红白或黄黑相间的反光膜或刷反光漆；限高架顶部应设置车辆限高、限宽、限速等标志牌及夜间警示灯。

安全防护棚应具备较强的防砸、抗冲击能力。安全防护棚的长度应大于自由坠落的防护半径。

当上部施工高度超过24m时，下方应设间距600mm的双层防护棚，必须满铺能承受大于10kPa均布静荷载的材料，或50mm的厚木板或符合要求的其他材料。

安全防护棚施工完成后应组织验收。

需多次上跨同一道路时，应安排同步施工。主体结构施工完后，应及时施作桥面整体化层、防撞栏、防抛网；交安设施部分可由跨线主体施工单位同步完成。

(1)跨线桥梁施工应按照审批过的专项施工方案搭设、拆除跨线防护棚架。

跨线桥梁施工防护棚的形式应根据公路等级、是否承重及防护要求通过受力计算确定，一般包括桁架式、满堂支架式及脚手架式。

安全防护棚必须具备较强的防砸、抗冲击能力。安全防护棚形式、长度、基础、材质、搭设及拆除工艺、交通导流设施、限高、限宽、限行设施、安全防护设施及警示标识等应符合专项方案规定，不得随意变更(图5-36)。

安全防护棚搭设及拆除应按照相关部门批准的作业时间进行，施工期间做好交通导流及安全防护措施。安全防护棚使用前应组织检查验收。

(2)跨线作业交通安全标志应符合规定。

跨路施工影响公路或市政交通时，施工项目应当在施工路段两端设置明显的施工标志、安全标志。需要车辆绕行的，应当在绕行路口设置标志；不能绕行的，必须修建临时道路，保证车辆和行人通行。

图 5-36　跨路施工安全通道

跨线作业交通安全标识应按照现行《道路作业交通安全标识》(GA 182)及公路、铁路、航道等管理规定设置,施工前应编制专项方案报有关部门批准后实施。

防护设施应设置轮廓灯、警示灯或爆闪灯。警示灯在夜间应持续亮灯,通道内须保证充足的照明。

(3)跨路、跨线施工安全规范化管理。

针对省道、国道等地方路以及高速公路的跨路施工安全管理,首先各施工单位制定《跨线桥施工方案》,得到当地公路局、交警大队及总监办的审批和备案,与公路局签订道路施工安全协议。按照方案和公路养护规范等要求设置交通管制安全设置和导向警示牌,并设置限高架,联系当地公路局,对施工区域增设减速震荡标线,在施工便道与省国道交口处设置交通安全警示牌,跨路处设置全封闭防护棚架,防护棚架门洞口设置落物台,并在防护棚架两门洞处设置轮廓指示灯和照明灯,增强夜间交通安全。

CHAPTER 6 第6章

隧道工程

6.1 隧道施工

(1)隧道洞口应设置值班室(或监控室),对进出洞人员应执行登记管理。

隧道洞口值班室(监控室)位置不宜设在隧道通风机的同侧。值班室(监控室)应安排专人24小时值班。

值班人员应按照隧道出入洞登记制度,如实登记与工程相关的人员、日常施工人员及管理人员的个人信息、机械设备信息和进洞目的。值班人员还应及时掌握洞内施工作业情况,并拒绝与工程无关的人员进入洞内。

隧道洞口进出登记的形式包括:安全帽芯片、IC卡、翻板牌、人工登记等等。

(2)长度1km以上隧道宜配置电子门禁系统和电子安全监控系统。

长、特长及高风险隧道施工应设置稳定可靠的视频监控系统、门禁系统和人员识别定位系统。

设置门禁系统和电子监控系统的目的是24小时不间断地对工程实施全过程进行连续监控,随时掌握现场情况,指挥、调度、协调组织施工,并以成像方式积累第一手现场施工情况资料。

(3)隧道内坑洞、临边部位等应设立防护栏及醒目的安全警示标识。

隧道洞口、开关箱、配电箱、台车、台架、坑洞和仰拱开挖等危险区域应设置醒目的安全警示标志;洞内施工机械、设备、设施均应设反光标识;台车和移动台架应设灯带轮廓标识。

隧道内下导坑、仰拱、水沟等临边处应设立防护栏等安全防护措施及安全警示标志、标牌。

仰拱栈桥之间宜设置可拆装的防护围栏,挂设防护网,并设置反光标识。

(4)作业台车防护应符合相关规定,并应设置醒目的警示标识。

作业台车(连同相关防护设施)应经过专门设计,验收合格后方可使用。

台车上防护围栏、警示设施等齐全、醒目。高处作业应符合现行《建筑施工高处作业安全技术规范》(JGJ 80)的有关规定。

(5)现场急救箱内物品、设备应齐全、有效。

现场急救箱内应配备饮用水、食品、手电、口哨、无线对讲机和必要的急救药品,应经常检查物品、药品的有效性并定期更新。

急救箱宜放置在逃生通道内或衬砌台车等安全的地方。

(6)施工现场应设置灭火器、消防水池、消防用沙等消防设施。

隧道内严禁存放汽油、柴油、煤油、变压器油、雷管、炸药等易燃易爆物品。必须按照规定严格民用爆炸物品管理,严禁在施工现场违规运输、存放和使用民用爆炸物品。

洞内应在动火作业、防水板台车、施工电气设施等处所设置灭火器，在木模板、防水材料等易燃物品堆放区域设置消防水池、消防用沙等消防设施。

(7)隧道施工临时设施应布置在免受洪水、泥石流、滑坡、塌方等地质灾害的地段，施工和生活区域要明显分开，平面布置要科学，间距要合理，并配备足够的消防设备。施工现场的风、水、电、照明设施应做出统一规划、合理布置，并在隧道开工前完成。

(8)隧道施工应按设计文件规定的施工方法制订专项施工方案，地质条件发生变化时，应及时进行设计变更；隧道施工时应严格按照方案组织施工，不得擅自改变施工方法。

(9)隧道施工必须强化施工工序和现场管理，确保支护到位，支护不得滞后，安全步距不得超标。

(10)超前地质预报和监控量测应作为必要工序统一纳入施工组织管理。施工过程中必须落实超前地质预报各项规定，监控量(探)测数据达到预警值时应进行核查、组织评估，出现危险征兆时应立即停工处置，严禁冒险施工作业。

(11)必须严格控制现场作业人数，开挖作业面不宜超过9人，掘进作业面应实施机械化作业。所有进入隧道施工区域的人员，必须按规定佩戴安全防护用品；各类特殊岗位人员均应持证上岗。

(12)必须对有毒有害气体进行监测监控，加强通风管理，严禁有毒有害气体浓度超标施工作业。

(13)必须按照规定设置逃生管道，严禁在安全设施不到位的情况下施工作业。

(14)必须按照规定制订应急预案、配备救援装备和物资，按规定进行应急演练；严禁事故发生后违章指挥、冒险施救。

6.1.1 洞身开挖

(1)洞口工程应按审批过的专项施工方案实施。洞门、防护工程及截排水系统应施作及时、完整。

洞口工程必须编制专项施工方案，经上级单位审核，监理、建设单位审批后实施。

洞口施工前，应先清理洞口上方及侧方可能滑塌的表土、灌木及山坡危石等。洞口的截、排水系统应在进洞前完成，并应与路基排水顺接，不得冲刷路基坡面、桥台锥体、农田屋舍，土质截水沟、排水沟应随挖随砌。

(2)洞口相关监控量测点布点应符合设计要求及相关规定。洞口顶部地表应在开挖前设置监控量测点，边仰坡开挖后及时设置变形观测点。量测点应满足设计及规范要求，在施工过程中及时按照设计图纸及规范要求的频率进行量测。

(3)施工作业台架、台车的各类防坠设施、安全警示标识应设置齐全,安全可靠。

洞内施工作业台架、台车作业高度均超过2m,属于高处作业设施,应连同相关防护设施一起经过专门设计,验收合格后方可使用。

施工作业台架、台车应在醒目位置设立防坠落、防碰撞等安全警示标识。

(4)洞内不得临时堆放易燃易爆物品。隧道内严禁存放汽油、柴油、煤油、变压器油、雷管、炸药等易燃易爆物品。

隧道爆破作业前应通过计算确定每次爆破炸药用量,按照所需量将炸药带入洞内装药爆破。装药后,如有剩余,应立即带回火工品运输车并退还仓库,不得在现场存放民用爆炸物品。

作业现场应按照规定配置灭火器等消防器材。

(5)施工现场应设置风险源告知牌及安全警示标识。施工现场应结合风险源分布情况在醒目位置设置风险源告知牌并实施动态管理,及时更新风险内容、级别及控制措施。

现场安全警示标识、标牌以及应急逃生路线、灯视引导系统设置应规范、醒目,并定期维护。

(6)洞身应按审批过的专项施工方案开挖,不得擅自变更开挖方法。洞身应按照审批过的专项施工方案组织施工,不得擅自变更或调整。如因设计、结构、外部环境因素发生变化确需变更或调整的,应重新制订方案并履行审批论证程序。

(7)施工现场应按照设计要求进行超前支护。围岩自稳程度差的地段应先进行超前支护、预加固处理,并应符合设计要求。

软弱围岩及不良地质隧道必须按照设计图纸及规范要求进行超前支护,不得随意调整超前支护等级。

(8)隧道爆破应进行钻爆设计,并应按审批过的方案实施。

隧道爆破施工前应进行钻爆设计,并根据实际爆破效果及时调整爆破设计参数。

隧道爆破设计方案应包括相应的安全技术措施,并按规定报有关部门审批。

爆破作业必须由具有爆破资质的单位实施,爆破员、安全员、押运员等必须持有效证件方可上岗。作业前应按规定办理审批手续,经批准后方可实施爆破。

爆破作业应设置警戒区和警戒人员,起爆前必须撤出人员并按规定发出声、光等警示信号。爆破后经排险,警戒解除后方可进入作业区域。

6.1.2 初期支护及二次衬砌

(1)初期支护和二次衬砌应按方案实施。初期支护背后不得出现空腔或填充物。

软弱围岩地段施工必须坚持“弱爆破、少扰动、短开挖、强支护、勤量测、紧衬砌”的施工原则，初期支护紧跟掌子面。Ⅳ～Ⅵ级围岩初期支护在未落底前，应采用加强锁脚，同时应保持尽早封闭成环。

严格控制超欠挖。当出现超挖后，应分层分批对超挖部位进行喷混凝土支护，初期支护背后严禁出现空洞或使用其他填充物填充，支护和防护未经验收，不得进行下道工序施工。

(2)仰拱与掌子面、二次衬砌与掌子面的安全步距应符合设计要求及相关规定。仰拱开挖施工应符合下列规定：

①Ⅳ级及以上围岩仰拱每循环开挖长度不得大于3m，不得分幅施作。

②仰拱与掌子面的距离，Ⅲ级围岩不得超过90m，Ⅳ级围岩不得超过50m，Ⅴ级及以上围岩不得超过40m。

③软弱围岩及不良地质隧道的二次衬砌应及时施工，二次衬砌距掌子面的距离Ⅳ级围岩不大于90m，Ⅴ级及以上围岩不大于70m。

④必须强化施工工序和现场管理，确保支(防)护到位，严禁支护滞后和安全步距超标。

⑤仰拱顶上的填充层及铺底应在拱墙混凝土及二次衬砌施工前完成，宜保持超前3倍以上衬砌循环作业长度，以利于衬砌台车模筑混凝土施工，铺底距掌子面距离不超过60m。

(3)拱架安装应符合相关规定。钢架施工应满足：

①钢架底脚基础应坚实、牢固。

②相邻的钢架应连接成整体。

③已安装的钢架发生扭曲变形时，应及时逐榀更换，不得同时更换相邻的钢架。

④下部开挖后，钢架应及时接长、落底，钢架底脚不得左右同时开挖。

⑤拱脚开挖后应立即安装拱架、施作锁脚锚杆，锁脚锚杆数量、长度、角度应符合设计要求。

⑥拱脚不得脱空，不得有积水浸泡。

⑦临时钢架支护应在隧道钢架支撑封闭成环并满足设计要求后拆除。

(4)系统锚杆施工应符合设计要求及相关规定。

①锚杆类型、规格、技术性能应满足设计要求。

②系统锚杆必须使用合格材料，纵向、环向间距，锚固深度，锚杆角度及注浆应符合设计及规范要求。

(5)初期支护各类检测应及时、有效，检测报告应签字齐全。

与初期支护相关的各类原材料及施工过程中的半成品、成品应按照试验规程及验收标准要求的批次、频率及时进行相关检测并出具有效的检测报告，支护质量按规范要求进行相应检查。

6.1.3 监控量测与超前地质预报

(1)项目经理部应根据设计文件要求,制订监控量测及超前地质预报专项施工方案,并应按方案组织实施。

施工前应编制监控量测、超前地质预报专项方案,实施过程中应加强对结论分析的动态管理,为施工方案优化、支护参数调整、安全风险评估管理等方面的决策提供重要依据。

监控量测方案应根据隧道地质条件、支护参数、施工方法以及设计要求编制,主要应包括工程简介、监测目的、监测项目、监测机构、监测方法、监测仪器、测点布置、量测频率、监测管理标准等内容。复杂工程监测方案应经论证。

对不良地质隧道应加强地质超前预报、动态评价预测、施工监控和质量检测,可选择有相应能力等级的独立检测机构承担,强化数据互通、结果分析和指导施工。对岩溶、富水、瓦斯隧道,有硫化氢、二氧化碳气体溢出的隧道,穿越煤层、采空区或有断层、破碎带的隧道,应以水平钻孔方式进行超前地质预报复核,有异常情况必须调整作业方案,强化防范措施。

(2)长大隧道和不良地质隧道应进行超前地质预报。长大隧道及不良地质隧道应按照规定进行专项超前地质预报设计,及时收集分析预报资料,完善施工方案并指导现场施工。

(3)监控量测应满足相关规定,布点数量、位置应符合相关规定,监测项目及资料数据应真实、签字齐全。

施工现场要结合开挖、支护作业的进程进行监控量测工作,量测断面间距、量测内容、测点数量及位置、监测频率、仪器、人员等符合标准规范和设计要求,围岩变形测点不得设置在喷射混凝土或者钢拱架上。

(4)项目经理部应对量测数据进行分析,项目负责人和技术负责人应签字齐全。

施工现场应及时收集、整理量测数据,并对量测数据进行分析。必要时,根据量测分析结果调整施工方案。项目负责人和技术负责人应每日对量测数据签字、负责。

(5)超前地质预报预报频次及预报长度应符合相关规定,按照专项方案实施,并满足设计图纸及规范要求。

(6)地质预报和监测仪器证书应齐全、标定有效。地质预报和监测仪器、元器件及其构成的监测系统应可靠、耐久、稳定,并按要求定期进行校对、标定和检查。

(7)项目经理部应对掌子面及围岩稳定性开展巡视检查,检查记录应真实、签字齐全。

爆破后,应按先机械后人工的顺序对掌子面进行找顶。

每班作业前及施工过程中应有专人对掌子面及围岩的稳定性开展巡视检查。如发现掌子面和围岩有异常,立即停止施工,人员撤除现场。

检查应有记录,内容真实有效,签字齐全,不得伪造。

6.1.4 逃生通道

长大隧道、不良地质及软弱围岩隧道的二次衬砌与掌子面间应按照规定设置逃生通道，逃生通道距离掌子面不应大于20m。逃生通道应随隧道掌子面开挖进尺不断前移，以保证有效实施救援。严禁在安全设施不到位的情况下施工作业。

逃生通道的刚度、强度及抗冲击力应符合相关规定。逃生通道通常使用钢管，其内径不小于ϕ800mm、壁厚大于6mm，每节管长宜为6m。现场也可通过验证后，使用其他新材料的逃生管道，但必须满足相应的安全性能要求。

6.1.5 隧道施工安全措施

(1)隧道内通风应按批准的方案配置通风设施。隧道通风方式应根据隧道长度、断面大小、施工方法、设备条件等确定，主风流的风量不能满足隧道掘进需求时，应设置局部通风系统。配置的通风机械设备应满足洞内通风需求。

隧道施工通风应纳入工序管理，由专人负责。

(2)项目经理部应对有毒、有害气体进行检测，检测记录应齐全、有效。

隧道内有毒、有害气体控制应符合：

①作业过程中，空气中的氧气含量不得低于19.5%；不得用纯氧通风换气。

②空气中的一氧化碳、二氧化碳、氮氧化物等有害气体浓度不得超过"工作场所空气中有毒物质容许浓度"值的规定。

施工中应当使用经检定合格的仪器，按照要求的检测频次、方法、部位、项目等检测有毒、有害气体，检测记录应当反映洞内真实情况，确保人员安全。

(3)隧道施工独头掘进长度超过150m时，自然通风方式无法满足粉尘浓度控制要求，必须采用机械强制通风。

(4)压入式通风管的送风口距掌子面不应超过15m，排风式风管吸风口距掌子面不应超过5m，洞外风机距离洞口不宜少于30m，且通风量应符合相关规定。

通风管靠近开挖面的距离应根据开挖面大小通过计算确定。

隧道施工通风应能提供洞内各项作业所需要的最小风量，风速不得大于6m/s；每人供应新鲜空气量不得小于3m^3/min，内燃机械作业供风量不宜小于4.5m^3/(min·kW)；全断面开挖时风速不得小于0.15m/s，导洞内不得小于0.25m/s。

(5)隧道内应照明充足，隧道内照明系统与动力用电应分开设立，作业区域应使用安全照明电压。

隧道施工作业地段必须有充足的照明，照明电压不宜大于36V，成洞段和不作业地段宜采用220V，照明灯宜采用冷光源。

(6)隧道排水设施应完善、有效。隧道内顺坡排水沟断面应满足隧道排水需要。

隧道内反坡排水方案应根据距离、坡度、水量和设备情况确定。抽水机排水能力应大于排水量的20%，并应有备用台数。

斜井应边掘进边排水，涌水量较大地段应分段截排水。竖井、斜井井底应设置排水泵站，排水泵站应设在铺设排水管的井身附近，并应与主变电所毗邻，泵站应留有增加水泵的余地。

膨胀岩、土质地层、围岩松软地段应铺砌水沟或用管槽排水。

遇渗漏水面积或水量突然增加，应立即停止施工，人员撤至安全地点。

(7)隧道施工应设置应急救援仓库，配备足够数量的应急救援设备、设施和消防器材。

应急救援仓库应选址合理、交通便利，仓库规模应满足应急救援物资储存需要。

隧道施工应配备应急救援机械设备、监测仪器、堵漏和清洗消毒材料、交通工具、个体防护设备、医疗设备和药品、生活保障和救援物资等，应进行定期检查、维护和更新，保持正常、有效。不得挪用救援物资及救援设备。

(8)施工现场应设立应急逃生路线灯视引导系统。现场应结合实际情况进行应急逃生路线专项设计。

隧道内设立的应急逃生路线灯视引导系统应与监控、预警设施统一设置，规范管理，确保紧急情况下视觉指示系统正确、有效，相关设施正常运转。

6.1.6 通信信息管理

(1)隧道内应保持通信畅通，与洞外的应急联络应快捷有效。长大隧道应间隔一定距离设立有线电话报警平台或与当地移动通信公司联系合作，提前安装小型移动通信基站，设立移动通信洞内信号延伸系统，利用移动通信技术手段，增强通信信号，确保应急联络快捷畅通。

(2)长大隧道施工应配备远程监控系统。隧道施工远程监控成像系统应当选择高清防爆摄像头、内置存储加远程传输、多级实时访问的视频系统。

(3)项目经理部宜对作业人员进行定位信息管理。隧道施工宜配备人员定位信息管理系统，作业人员进洞施工时应配备追踪感应器，实时追踪作业人员位置信息，便于进洞人员管理以及发生突发事件时及时、准确进行人员定位，有效实施救援。

6.2 隧道形变智能实时监控量测应用

长度长、围岩差的隧道施工过程中,由于地质条件的多样性和复杂性,其施工事故发生率比其他岩土工程高且严重,给隧道工程施工人员身心带来严重的危害。

隧道工程开挖过程的事故发生率一般占隧道总事故率的 50% ,隧道装渣运输过程中事故率一般占隧道总事故率的 25% (包括运输设备引起的事故),其他事故占隧道总事故率的 25% ,隧道工程相比其他工程受外界环境影响更大,对于技术要求及管理水平要求更高的客观原因,加上我国对隧道工程施工风险管理研究时间短,管理人员没有意识到隧道风险管理的重要性,对隧道风险管理不重视的主观原因,造成了在隧道工程建设中事故频发,给国家和人民带来了巨大的损失。

综合近年隧道事故发生的原因分析得出:隧道施工安全预警体系不完备和施工过程监控反馈不及时是事故发生的重要原因。降低隧道施工监测误差、及时有效上报监测结果、实施开展隧道安全评估、建立隧道安全预警体系是避免事故发生的最有效的途径。

基于隧道安全智能监测预警系统对隧道施工安全意义重大,采用基于分布式超宽带毫米波干涉雷达技术的隧道形变智能实时监测预警系统用于监测隧道形变应运而生。其优点及原理如下:

1)优势

(1)具备在恶劣环境下工作的要求。隧道施工环境有大量的粉尘、水汽、被测物体不平整有时还有水。

(2)24 小时实时在线自动监测,连续实时自动监测形变;监测数据实时自动上传。

(3)智能化。监测数据智能分析,多重分级预警。

(4)信息化。实现监测数据和对监测结果进行科学管理,相关人员可以通过不同级别权限获取现场结构安全监测数据及评估信息。监测结果和预警信息自动推送。

(5)低成本。通过方案设计降低硬件成本,通过标准化降低安装施工成本,通过稳定性、可靠性降低后期运营维护成本。

2)原理

系统基于超宽带毫米波干涉雷达技术,以形变监测器为核心,设置控制器、无线中继器、无线网络、监测中心服务器和声光报警器等,在施工点后方一定距离处(不小于 30m)的隧道壁上安装 4 个超宽带毫米波雷达形变监测器,在形变监测器前方的隧道截面上安装 3 ~ 5 个金属角反射器,隧道截面的间距为 5 ~ 10m。由于形变监测器安装在施工点后方较远处,因此认为它们是固定的。这 4 个形变监测器可以相互高精度测距和通信,这样它们就能够自主定位，对其安装位置精度就没有很高的要求。这 4 个形变监测器还可以对前方截面上的角反射器进行高精度视线方向的形变监测，类似于卫星定位的原理，得到角反射器的三维坐标形变。

监测数据通过某个离地面较近的监测器传输给控制器，控制器再通过无线中继器，以无线接力传送的方式传输到隧道外，然后再通过 4G 等无线网络，传输到监测中心服务器，服务器对监测数据进行信息化管理和智能分析，监测结果和预警信息可以推送给相关人员的手机终端，还可以通过无线网络和无线中继器传送给控制器，控制器触发声光报警器在隧道施工现场报警。

6.3 云茂项目隧道施工管控

云茂项目全线共设隧道 8 座，总长 11595m，其中特长隧道 3457m/1 座，长隧道 5774. 5m/3座，中隧道 1666m/2 座，短隧道 697. 5m/2 座。安全风险较大的为南寨隧道和新屋隧道，南寨隧道地层岩性为第四系坡残积粉质黏土、变质砂岩及其风化层(图 6-1、图 6-2)。岩体总体风化强烈，较破碎，节理裂隙发育，为全 V 级围岩隧道，其中左洞 ZK39 + 750 ~ ZK39 +810、右洞 K39 +770 ~ K39 +880 段为富水区；新屋隧道左右洞均有一浅埋地段，段内埋深 7 ~ 13m，地表处于坑洼地段，有天然冲沟，邻近鱼塘，前期已对浅埋段地表进行注浆加固处理，在开挖过程中严格执行评审后的专项施工方案要求，严格落实专项工序验收制度，左、右洞各两段浅埋段均顺利通过。

图 6-1 建设中的南寨隧道

图 6-2 建设中的新屋隧道

针对隧道开挖及支护作业易发生坍塌、爆炸、物体打击及机械伤害的情况，云茂公司以隧道施工主要工序安全监管为主要对象，强化、规范监控量测和超前地质预报，及时有效指导隧道施工。稳步推进隧道施工安全标准化建设，确保项目隧道施工安全。

(1)严把施工方案关，做好本质安全。

为加强隧道施工方案管理，云茂公司聘请了一位资深隧道专家作为云茂项目隧道施工技术顾问，同时成立了由总工程师牵头、隧道技术顾问及隧道专业相关技术人员组成的隧道技术小组，主要负责统筹全线隧道施工技术方案，从源头上做到本质安全（图6-3、图6-4）。

图6-3　总工带队解决现场技术问题

图6-4　隧道专家现场指导工作

（2）严控二次衬砌、仰拱安全步距，实行安全管理周报制。

为加强隧道安全步距管理，安质管理部每周将全线隧道二次衬砌、仰拱安全步距情况统计汇总，对超距的部分用红色字体标注，呈送公司各有关领导知悉。对超过安全步距的隧道采取停止掌子面开挖，同时加快二次衬砌及仰拱施工的措施。通过安全周报及时监控安全步距情况，掌握第一手安全生产资讯，更快、更高效地开展工作（表6-1、图6-5）。

隧道安全步距周报统计表　　表6-1

标段	隧道名称	掌子面桩号	二次衬砌桩号	仰拱桩号	仰拱距掌子面距离(m)	二次衬砌距掌子面距离(m)	掌子面围岩级别
TJ3	金山迳隧道左洞	ZK19 +439	—	ZK19 +402	37	69	Ⅴ级
TJ3	金山迳隧道右洞	ZK19 +439	ZK19 +494.9	ZK19 +470	31	55.9	Ⅴ级
TJ6	南寨隧道左洞进口	ZK40 +103	ZK39 +018	ZK40 +068	35	85	Ⅴ级
TJ6	南寨隧道右洞进口	—	—	—	—	—	Ⅴ级
TJ6	南寨隧道左洞出口	ZK40 +161	ZK40 +232	ZK40 +192	31	71	Ⅴ级
TJ6	南寨隧道右洞出口	—	—	—	—	—	Ⅴ级

图6-5　隧道开挖步距符合要求

(3)强化监控量测指导作用,引入先进监测技术。

针对以往项目每隔5~50m(根据围岩级别细分)一个监测断面,断面与断面之间、测点与测点之间的变形情况无法了解,容易留下监测死角的情况,云茂项目采用隧道激光全断面监测技术实现对隧道进行全覆盖监测,并生成点云图,能及时了解洞内每个区域的收敛变形和侵限情况,确保隧道变形安全可控。其具有数据全自动采集、效率高、人为读数误差少、监测数据真实、实时传输等优点(图6-6、图6-7)。

图6-6　现场监测

图6-7　监测云图

(4)推行隧道门禁系统,实现作业人员动态管理。

云茂项目隧道洞口全部实施电子门禁系统管理,对进出洞内人员进行系统化管理,利用进出洞内人员携带的芯片与门禁系统扫描感应,再通过数字化显示做到了简明有效的人员登记管理,通过人员定位严格控制掌子面开挖作业人数。当发生意外时,可根据系统定位人员位置为应急救援提供重要依据,提高营救效率(图6-8)。

图6-8　隧道门禁系统

(5)积极开展应急救援演练,提高应急处理能力。

云茂公司组织施工单位积极开展隧道防坍塌和消防、防高空坠落等事故应急演练。以练检战,增强各单位之间的联动协调性,提高应急处理能力(图6-9)。

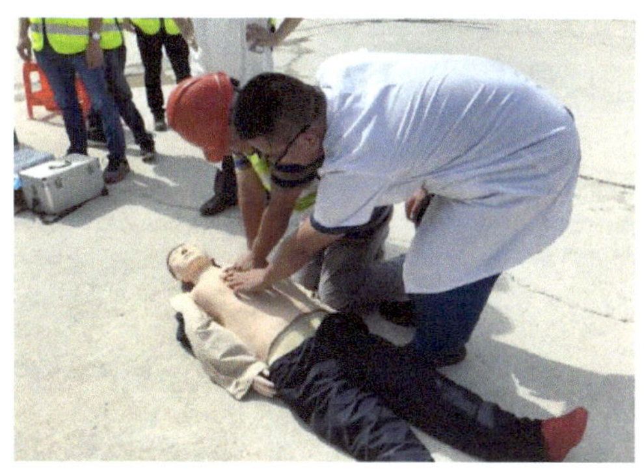

图 6-9 开展隧道应急演练

(6)洞内人车分离。

为清晰划分机械、车辆与工人在隧道内行走路线,避免发生碰撞事故,云茂公司要求在隧道成洞段设置带有明显反光标识的警示柱,形成隔离带,用来隔离机械、车辆和行人(图 6-10 ~ 图 6-13)。

图 6-10 南寨隧道设置人车分离

图 6-11 竹瓦岭隧道设置人车分离

图 6-12 金林隧道设置人车分离

图 6-13 茶山岭隧道设置人车分离

(7)隧道照明。

为保持隧道洞内照明亮度,确保后续施工阶段安全照明,云茂项目由土建施工单位在完成开挖支护后，交付给路面施工单位时，由路面施工单位负责维护洞内照明，严格按照《广东省高速公路工程施工安全标准化指南》要求，在成洞段每隔 20m 设置一盏满足照度要求的照明灯，每隔 30m 及横通道口处设置一盏应急照明灯，有效保障洞内施工及通行照明（图 6-14）。

图 6-14　隧道照明

CHAPTER 7 第7章

路面工程

7.1 路面施工

路基施工完成后，路面施工单位应制定路面施工交通管制方案，并报监理单位批准后实施；交通管制主体责任由路面施工单位承担。

加强主线便道口的交通管制，路面施工单位应安排专人对便道口进行24小时不间断管理，进出路口的车辆凭车辆通行证通过，严禁无关车辆进入施工现场。在主线交叉道口、车道转换等位置应设置减速慢行、限速、指示方向等标志。

平地机、摊铺机、压路机等路面施工机械设备上应粘贴红白或黄黑相间反光膜，停放在路面时，周围应设置明显的安全标志；夜间应以红灯示警，其能见度不得小于150m。压路机、平地机等路面机械还应安装倒车雷达和倒车影像。

水泥罐、沥青罐、拌和站等设施应有避雷设施。

混合料运输应确保运输车辆的车况良好，尤其是制动系统和自卸系统的有效性；运输过程中按指定路线行驶，不得超载、超速，驾驶员不得疲劳作业；对运输车箱顶面的覆盖，宜搭设专供工人上下的作业平台。

运料车向沥青或水稳摊铺机卸料时，应设专人指挥；运料车应在摊铺机前方10～30cm停留，运输车不得撞击摊铺机；卸料过程中运输车应挂空挡，由摊铺机推动前进。

摊铺、碾压、整平作业人员应面向压路机或摊铺机作业，人、车、设备之间应保持安全距离，专职安全员应在现场进行安全管理。

碾压设备作业行驶速度一般不应超过6km/h；两台以上压路机作业时，前后间距不得小于3m，左右间距不得小于1m；在碾压设备上推广采用卫星导航设备，以监控行驶速度和碾压遍数。

施工现场应配置可移动式遮阳棚，严禁人员在机械设备下逗留。

现场进行检测、取样、试验等工作时，检测人员工作点四周应摆放交通锥等警示设施，并设警戒人员，防止施工机械伤害检测人员。

面层摊铺完成路段应设置限速标牌（限速20km/h），同时每隔2km及隧道进出口位置（宜为隧道外50m）应设置一处强制车辆减速的两排隔离墩（灌满水的水马），隔离墩纵向间距30m，分别从路两侧往路中间摆放，重叠不小于3m，并设置导向标志。

在上、下结构层搭接施工处须提前设置限速警示标志，并采取措施保证车辆安全通行。

隧道路面施工时，洞口应设专人指挥，并设置警示标志；洞内作业安全措施按照夜间施工要求执行。

7.2 路面交通管制

(1)施工单位应根据工程实际,按规定办理跨线施工、交通管制的相关安全许可手续。

根据《中华人民共和国公路法》《中华人民共和国铁路法》《中华人民共和国航道法》《中华人民共和国电力法》《中华人民共和国石油天然气管道保护法》等规定,因跨越、穿越公路、铁路、航道、石油天然气管道施工,或在公路、铁路、航道、电力、石油天然气管道等保护区内进行施工的,应当事先按要求报送有关材料,经有关主管部门同意,影响安全的还须征得公安等有关机关的同意,签订安全防护协议。

(2)施工区域应实行交通导改。

施工现场进出口以及沿线各交叉口等处应设明显警示、警告标识,并应设专人指挥。

摊铺作业面应临时封闭交通、设明显警示标识,各类检查井口应稳固封盖,辅助作业人员应面向压路机方向作业,设备之间应保持安全距离。

碾压区内人员不得进入,确需人员进入的应安排专人监护。

作业机械统一编号、统一管理。

(3)工程施工车辆不得违规载人。

施工单位应使用通勤车辆运送作业人员,严禁施工车辆违规载人。

(4)路面摊铺机、压实机械等设备夜间停放应有反光警示装置。

机械设备停放场地应平整,设备停放整齐,并具有防污染措施。停放区周围应设置明显的警示标识及反光标识,防止交通事故。

(5)摊铺施工期应按规定配置专职安全员。

由于摊铺现场施工机械及人员相对集中,工序相互交叉,作业安全风险突出,每个摊铺作业现场应配置专职安全员,负责协调、监督施工安全。

(6)其他措施。

按照方案和公路养护规范等要求设置交通管制安全设置和导向警示牌,并设置限高架,联系当地公路局,对施工区域增设减速震荡标线,在施工便道与省国道交口处设置交通安全警示牌,跨路处设置全封闭防护棚架,防护棚架门洞口设置落物台,并防护棚架两门洞处设置轮廓指示灯和照明灯,增强夜间交通安全。

项目在主要便道口按要求设置值班岗亭及车辆道闸自动识别系统,将具有通行权限的车辆信息录入出入口门岗处车牌自动识别系统,智能管控车辆出入。并安排专人进行值守,严禁无临时通行证车辆进入。严格按照《广东省高速公路工程施工安全标准化指南》要求设置减速慢行、限速、导向等标志,并采用水马每500m设置一道S形减速带,水马纵向间距

30m，在水马中灌注水加以稳定，前后设置导向限速牌，以控制车辆行驶速度，确保行车安全。云茂公司配备移动测速设备，不定期对主线内行驶的车辆进行移动测速，确保各类施工车辆严格按照限速行驶，确保交通安全可控。

路面施工机械设备统一设置倒车雷达、红外感应自动制动系统，采用超声波传感器，灵敏度高，适应性强，耐油水、耐高温、耐腐蚀；安装大尺寸液晶显示屏倒车影像，有效解决了视觉盲区，保障倒车安全，防止施工机械伤害发生。相关实景如图7-1～图7-5所示。

图7-1　垫层采用“过拌和楼、摊铺机摊铺”工艺

图7-2　基层复合土工膜养护及交通管制

图7-3　沥青路面施工

图7-4　路面管制措施

图7-5　路面施工设备防护警示措施

CHAPTER 8 第8章

交通设施建设

8.1 交通安全设施施工

施工过程按《公路工程施工安全技术规范》(JTG F90—2015)、《公路养护安全作业规程》(JTG H30—2015)等落实安全措施。

施工区域须设置警示围蔽设施,在施工点前、后方50m位置应设置“前方施工、减速慢行”、导向指示牌、限速牌(限值为20km/h)及频闪灯等进行警示,同时在施工区域设置隔离设施、反光锥(间距3m)等进行围蔽。

施工现场指挥人员和作业人员应穿着反光衣,高处作业人员佩戴安全带。

隧道内施工时,应安排专人在洞内作业区指挥车辆,做好作业区的照明和通风工作。

标志支撑结构的安装应在基础混凝土强度达到设计要求后进行。

使用起重机械进行标志吊装作业时,应符合起重吊装安全操作有关规定;起重机械与周边高压线等危险因素应保持足够安全距离,并有专人负责指挥起重作业。

标志安装等高处作业过程中,施工人员不得站在标志横梁等结构物上作业,需高处作业时应使用高空平台作业车。高空平台作业车的使用应符合相关安全操作规程的规定,操作人员应经过专门培训并持证上岗,作业现场应有专人指挥。

波形护栏立柱及护栏板堆放和运输时应成捆绑扎,堆叠层数不应超过三层,且高度不大于1.5m;堆放应整齐、稳固,防止滚落或倒塌。

护栏、防抛网、防眩板等施工过程中,作业人员应在桥上护栏内侧施工,不得在无防护的条件下站立护栏顶或外侧施工,防止人员高处坠落。

标线涂料、塑料防眩设施等易燃材料的运输工作、存放仓库应配备相应消防设施,宜采取35kg以上推车式灭火器。

热熔釜熔料时最大投料量不得超过缸体的4/5,热熔釜和漆料保温桶上方不得运用明火。

标线施工用的燃料气瓶应经特种设备检验合格。

防抛网安装等需跨线作业时,应封闭下作业区下方通道,防止物件跌落伤人。

1)护栏施工

护栏立柱及护栏板堆放应符合以下要求:

(1)立柱及护栏板应成捆绑扎,运输时应使用带有侧面栏板的货箱。

(2)材料两端应加设钢架或三角木支垫,防止材料倾斜。

(3)材料在路面临时堆放时,应靠路面一侧单侧堆放,不得随意摆放;在材料堆放区周边设置反光锥进行警示,防止车辆机械进入材料堆放区。

桥上现浇混凝土护栏施工、金属护栏安装施工时，应使用专用工作架，防止人员坠落。同时须对工作架进行验算、合理确定配重。

2）交通标志施工

标志基坑开挖时，基坑边缘应设置防护栏杆或围挡，夜间应加设红色警示灯。

安装门架、悬臂标志时，作业人员确需高处作业则应使用高空平台作业车或液压升降机。

3）交通标线

热熔作业时，作业人员应穿着防护服、佩戴护目镜、防护手套和防毒口罩，并佩戴安全帽。

热熔釜罐口应有盖板，并在罐口加装防落网，防止人员跌落高温罐内；罐身应挂高温警示标志。

燃料气瓶应安装回火防止器。燃料气瓶应放置在保护架内，防止气瓶受到碰撞或翻滚；气瓶体应装防震圈。

标线施工机械应随车配备大容量灭火器（宜 35kg 以上）。

4）隔离栅和防抛网、防眩设施

隔离栅作业人员应佩戴防穿刺手套。

桥梁防抛网安装，应封闭桥下通道，禁止无关人员及车辆进入跨线施工下方空间。无法封闭交通时，应在作业区车道上设置防护棚。

若需在桥上护栏外侧施工，应使用高处作业车或专用工作架进行高处作业。

8.2 机电工程

施工过程按《公路工程施工安全技术规范》（JTG F90—2015）、《公路养护安全作业规程》（JTG H30—2015）等落实安全措施。

施工区域须设置警示围蔽设施，在施工点前、后方 50m 位置应设置“前方施工、减速慢行”、导向指示牌、限速牌（限值为 20km/h）及频闪灯等进行警示，同时在施工区域设置隔离设施、反光锥（间距 3m）等进行围蔽。

材料堆放及车辆设备停放区域应用反光锥进行围蔽。

施工现场指挥人员和作业人员应穿着反光衣。

隧道内施工时，应安排专人在洞内作业区指挥车辆，做好作业区的照明和通风工作。

隧道内进行高处作业时，应使用专用移动工作台架，并在台架体上粘贴反光膜及 LED 灯带进行警示；高处作业使用的工作台架应编制专项搭设方案，台架必须配备有上下步梯，投入使用前应组织验收,验收记录应归档。

外场监控及可变标志支撑结构的安装应在基础混凝土强度达到设计要求后进行。

外场监控及可变标志、高杆灯等施工中使用起重机械进行构件吊装作业时,应符合起重吊装安全操作的有关规定,同时注意起重机械与周边高压线等危险因素保持足够安全距离,并有专人负责指挥起重作业。

外场监控及可变标志、高杆灯安装等高处作业过程中,施工人员不得站在标志横梁等结构物上作业;需高处作业时应使用高空平台作业车。

桥上通信管道安装等施工时,作业人员应在桥上护栏内侧施工,不得在无防护的条件下站立护栏顶或外侧施工,防止高处坠落;需跨线作业时,应封闭下作业区下方通道,防止物件跌落伤人。

材料堆放高度应不高于1.5m,且堆放整齐、稳固,防止滚落或倒塌。

安装射流风机、洞内照明灯具时,应封闭施工点对应车道,防止安装时物件跌落伤人;射流风机安装前应检查确认预埋件抗拉拔试验结果符合设计要求。

8.3 服务区(停车区)

土地使用应符合国家土地和环保政策,少占耕地,宜减少拆迁和填挖方工程量,确保土方平衡。

场地不应选择低洼易淹和有山洪、断层、滑坡、流砂、地震断裂带等地质灾害易产生地段。

场地与隧道出口、互通立交应保持一定的距离,与隧道间距不小于1km,与互通立交间距不小于2km。

在主线两侧可采用对位和错位等方式布置,宜征用梯形地块或长方形叠加地块。

8.4 房建工程

房建工程施工前,应熟悉设计文件,施工单位应做好现场调查和以下核对工作:项目施工对地表和地下结构物的影响;施工场地布置与农田水利、环境保护等的关系;施工中和运营后对自然环境、生活环境的影响及需要采取的安全保护措施。

施工前,应编制专项施工方案,并完成报批程序。

土方开挖前应摸清现场地表建筑物、构筑物以及植被情况,并根据施工方案的要求,将施工区域内的地上、地下障碍物清除和处理完毕。不能自行清除的地下障碍物、地下管线和相关文物等情况应及时联系相关部门安排清除和迁移。

大中型机械设备安装完成后,必须经施工单位安全管理部门进行验收后才能使用;外脚手架搭设前需进行详细的荷载验算,搭设完成后,必须经监理单位验收合格后,方可使用。

防护材质如钢管、钢管脚手架、安全网等必须符合国家现行规定要求。

当遇到大雨、雷雨、高温、六级及以上大风等恶劣天气时,应立即停止高处露天作业、脚手架搭设或拆除作业及起重吊装等作业。

8.5 防护绿化工程

1)防护绿化工程作业安全控制要点

(1)防护作业时,必须系好安全绳,在特殊情况下要搭设牢固的脚手架。注意脚手架必须落地,严禁采用支挑悬空脚手架。

(2)绿化施工中如遇坑洞较大,必须填满泥土,用电钻打好孔后,及时打好钢筋,挂好铁丝网,严禁不打孔,不打钢筋随意喷泥土施工。

2)泥土浆喷射机作业安全控制要点

(1)砂浆喷射机、砂浆输送泵等发生故障时,必须先停机后检修。在检修时,应先打开泄浆阀使压力下降,然后再排除故障。砂浆泵压力未降到零时,不得拆卸空气室、压力安全阀和管道在喷泥土施工中不能将喷嘴对准施工人员,将土粉碎细后,通过机械喷射,在喷射过程中要均匀。

(2)输送管道各接头应连接牢固,并设有牢固的支撑,尽量减少管道长度和弯管数量,管道上不得加压或悬挂重物。

(3)输送泵作业前应空运转,在确定旋转方向正确,电路开关、传动保护装置及料斗滤网齐全可靠后,方可进行作业。

(4)运转正常后,方可向泵内注入土浆。土浆泵须连续运转,短时间不用土浆时,应打开回浆阀使砂浆在泵内循环运行。如停机时间较长时,应每隔 3 ~5min 泵送一次,使砂浆在管道和泵体内流动,以防凝结、阻塞。

(5)作业中应随时注意压力表指针是否正常,检查球阀、阀座和挤压管有无异常,如发现漏浆应立即停机,修复后方可作业。

CHAPTER 9 第9章

交叉施工安全管理

为进一步规范云茂项目路面、土建、交安、机电、房建和绿化等施工现场安全，加强交叉施工安全管理，合理组织施工计划，力争按全断面验收路基，最大限度减少交叉施工。

实行谁占道谁负责交通围蔽，包括施工区域设置、施工材料围蔽与交通指挥；其他施工单位应服从于路面施工单位的交通组织管理。

9.1 占道围蔽情形及要求

根据各种施工占道情况，可采取三种围蔽方式，分别为简易围蔽、单幅部分车道封闭、单幅全部车道封闭。现场围蔽应符合以下要求：

(1)简易围蔽形式适用于材料堆放及车辆设备停放。采用反光锥围蔽占用范围，设置上游过渡区、缓冲区、工作区等区域，取消下游过渡区和终止区，即作业区两端均设置缓冲区和上游过渡区。上游过渡区长度不小于20m；缓冲区长度不小于30m。反光锥布置间距为3m(图9-1)。

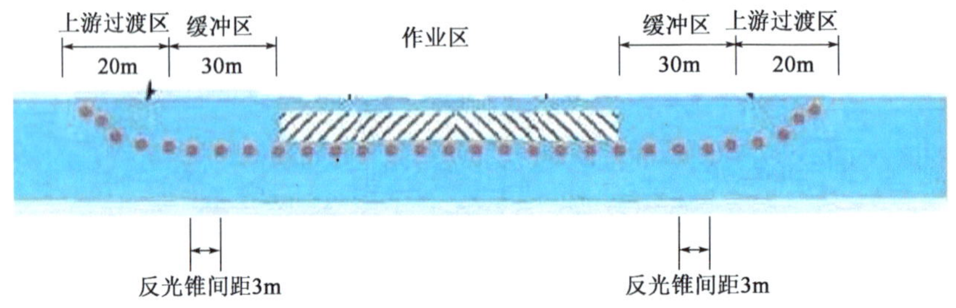

图9-1　简易围蔽

(2)单幅部分车道封闭形式，适用于只占用单幅部分车道，并保留其他车道双向通行的情况。应设置作业控制区，包括警告区、上游过渡区、缓冲区、工作区等区域，取消下游过渡区和终止区，即作业区两端均设置缓冲区和上游过渡区和警告区。其中警告区长度不小于50m，警告区起点设置限速20km/h标志牌和施工标志；上游过渡区长度不小于20m；缓冲区长度不小于30m，缓冲区起点设置导向标志。反光锥布置间距为3m。施工区域范围必须安排专职安全员进行现场指挥(图9-2)。

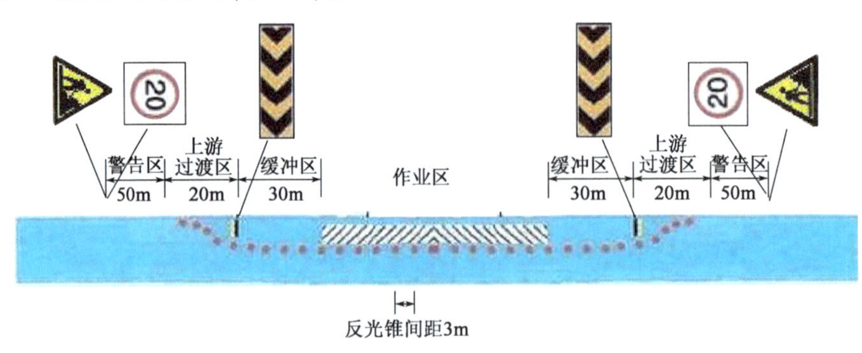

图9-2　单幅部分车道封闭

(3)单幅全部车道封闭形式,适用于单幅全部车道封闭作业的情况。应设置作业控制区,包括警告区、过渡区、缓冲区、工作区等区域,取消下游过渡区和终止区,即作业区两端均设置缓冲区和上游过渡区和警告区。其中警告区长度不小于50m,警告区起点设置“前面施工,减速慢行”、限速20km/h和禁止超车等标志牌;上游过渡区长度不小于20m;缓冲区长度不小于30m,缓冲区起点设置向左(右)改道标志牌。反光锥布置间距为3m。施工区域范围必须安排专职安全员进行现场指挥(图9-3)。

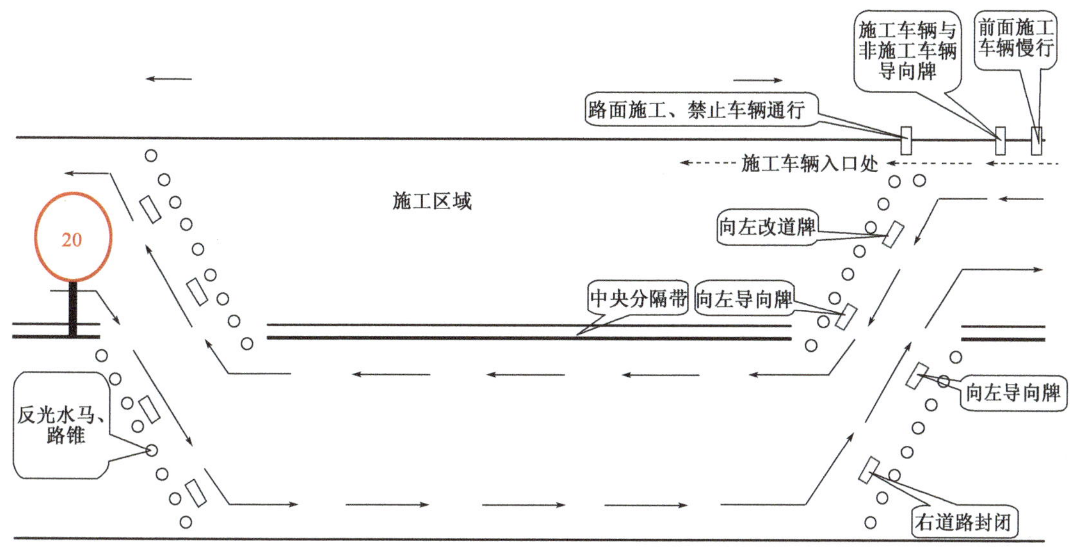

图9-3　单幅全部车道封闭

9.2 交通安全设施施工现场

9.2.1 安全要点

(1)标志支撑结构的安装应在基础混凝土强度达到设计要求后进行。

(2)起重机械与周边高压线等危险因素应保持足够安全距离,并有专人负责指挥起重作业。

(3)标志安装等高处作业过程中,施工人员不得站在标志横梁等结构物上作业,需高处作业时应使用高空平台作业车。高空平台作业车的使用应符合相关安全操作规程的规定,操作人员应经过专门培训并持证上岗,作业现场应有专人指挥。

(4)波形护栏立柱及护栏板堆放和运输时应成捆绑扎,堆叠层数不应超过三层,且高度不大于1.5m;堆放应整齐、稳固,防止滚落或倒塌。

(5)护栏、防抛网、防眩板等施工过程中,作业人员应在桥上护栏内侧施工,不得在无防护的条件下站立护栏顶或外侧施工,防止人员高处坠落。

(6)标线涂料、塑料防眩设施等易燃材料的运输工作、存放仓库应配备相应消防设施,宜采取35kg以上推车式灭火器。

(7)热熔釜熔料时最大投料量不得超过缸体的4/5,热熔釜和漆料保温桶上方不得运用明火。

(8)标线施工用的燃料气瓶应经特种设备检验合格。

(9)防抛网安装等需跨线作业时,应封闭下作业区下方通道,防止物件跌落伤人。

9.2.2 安全设施

1)护栏施工

(1)护栏立柱及护栏板堆放应符合以下要求:

① 立柱及护栏板应成捆绑扎,运输时应使用带有侧面栏板的货箱。

② 材料两端应加设钢架或三角木支垫,防止材料倾斜。

③ 材料在路面临时堆放时,应靠路面一侧单侧堆放,不得随意摆放;在材料堆放区周边设置反光锥进行警示,防止车辆机械进入材料堆放区。

(2)桥上现浇混凝土护栏施工、金属护栏安装施工时,应使用专用工作架,防止人员坠落。同时须对工作架进行验算、合理确定配重。

2)交通标志施工

(1)标志基坑开挖时,基坑边缘应设置防护栏杆或围挡,夜间应加设红色警示灯。

(2)安装门架、悬臂标志时,作业人员确需高处作业则应使用高空平台作业车或液压升降机。

3)交通标线

(1)热熔作业时,作业人员应穿着防护服、佩戴护目镜、防护手套和防毒口罩,并佩戴安全帽。

(2)热熔釜罐口应有盖板,并在罐口加装防落网,防止人员跌落高温罐内;罐身应挂高温警示标志。

(3)燃料气瓶应安装回火防止器。燃料气瓶应放置在保护架内,防止气瓶受到碰撞或翻滚;气瓶体应装防震圈。

(4)标线施工机械应随车配备大容量灭火器(宜35kg以上)。

4）隔离栅和防抛网、防眩设施

（1）隔离栅作业人员应佩戴防穿刺手套。

（2）桥梁防抛网安装，应封闭桥下通道，禁止无关人员及车辆进入跨线施工下方空间。无法封闭交通时，应在作业区车道上设置防护棚。

（3）若需在桥上护栏外侧施工，应使用高处作业车或专用工作架进行作业。

参考文献

[1] 中华人民共和国交通运输部. 公路工程施工安全技术规范:JTG F90—2015[S]. 北京:人民交通出版社股份有限公司,2015.

[2] 中华人民共和国交通运输部. 公路养护安全技术规程:JTG H30—2015[S]. 北京:人民交通出版社股份有限公司,2015.

[3] 中华人民共和国建设部. 施工现场临时用电安全规范:JGJ 46—2005[S]. 北京:中国标准出版社,2005.

[4]《公路水运工程施工项目安全生产标准化评价实施细则》编写组,交通运输部安全委员会办公室. 公路水运工程施工项目安全生产标准化评价实施细则(2018)[M]. 北京:人民交通出版社股份有限公司,2018.